상상력
놀이터
도서출판

이야기로 배우고 색칠하며 익히는 한국사 톡톡

8쇄 발행 2021년 12월 13일

엮 은 이	상상력놀이터
펴 낸 곳	상상력놀이터
펴 낸 이	이도원
교정.교열	이세영
감 수	이응주
캘리그라피	이나영
일 러 스 트	박정은
디 자 인	상상력놀이터 디자인팀
주 소	경기도 고양시 일산동구 정발산로 39 대양빌딩 607
대 표 전 화	070-8227-4024
홈 페 이 지	www.sangsangup.co.kr
전 자 우 편	contact@sangsangup.co.kr
등 록 번 호	제 2015-000056 호
I S B N	979-11-88408-12-2

*책값은 표지 뒷면에 있습니다.
*이 책은 상상력놀이터에서 저작권자와의 계약에 따라 발행한 것으로 허락없이 복제할 수 없습니다.
*파본이나 잘못 인쇄된 책은 구입하신 서점에서 교환해드립니다.

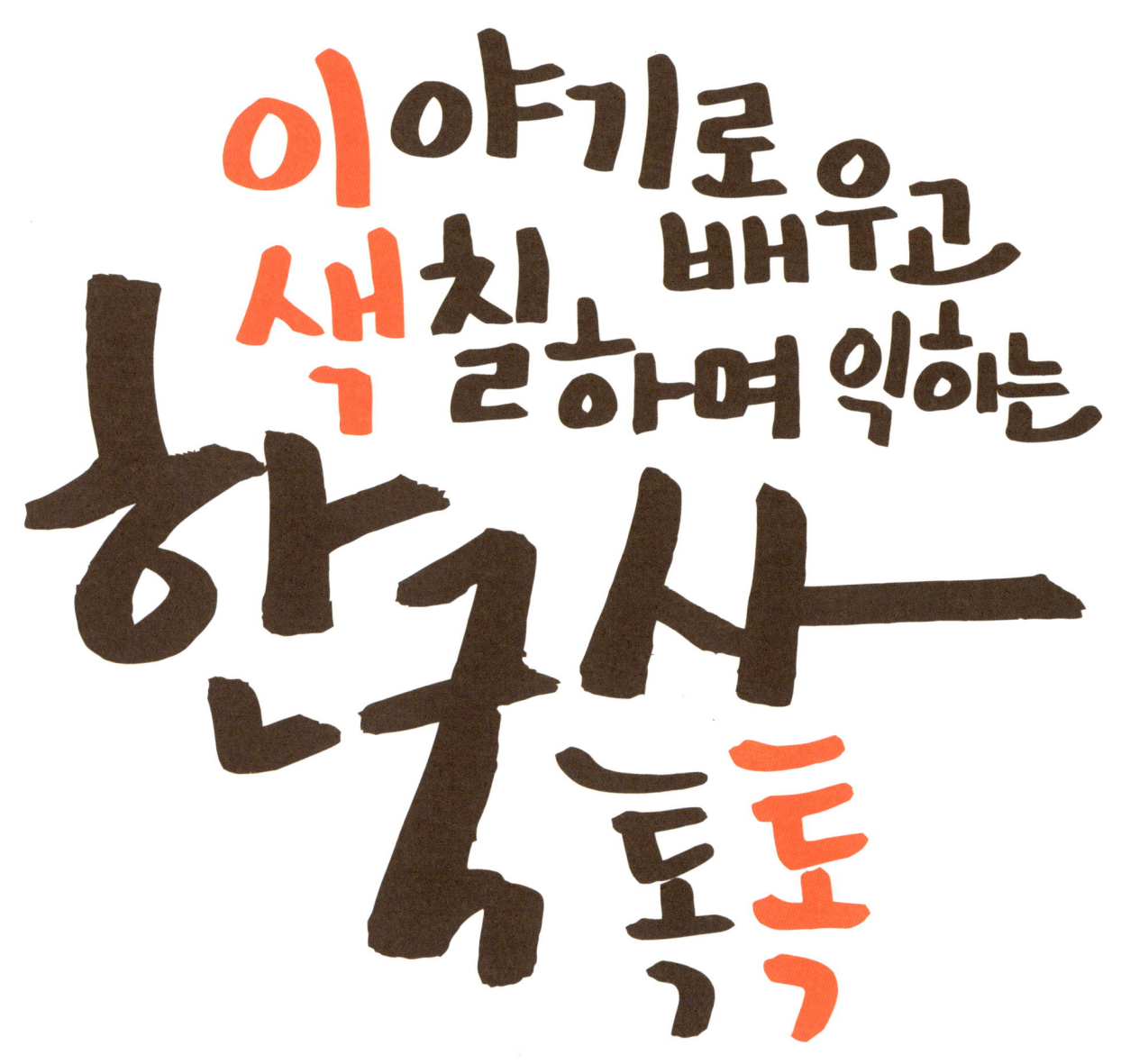

스토리텔링과 컬러링으로 시작하는 한국사 입문서 1

이야기로 배우고 색칠하며 익히는 한국사 톡톡 활용방법

○ 본문 좌뇌가 반짝!

여러분의 호기심을 불러일으키는 질문으로 시작해요. 각 시대별 중요한 사건과 인물에 관한 스토리로 역사를 쉽게 접할 수 있도록 구성되어 있습니다. 본문 이야기를 읽고 왼쪽 컬러링 페이지 위에 색칠을 하다 보면 어느새 역사 상식이 머리에 쏙쏙, 역사 실력이 쭉쭉 자라 있을 거예요.

○ 더 알아보기

본문 스토리와 연관된 구체적인 내용들이나 꼭 알아야 하는 역사 상식이 들어 있어요. 중요한 포인트들은 밑줄 그어 놔 한눈에 쏙쏙 들어옵니다.

우뇌가 반짝! 컬러링 페이지 ○

스토리와 맞는 그림으로 구성되어 있으며 색연필, 사인펜, 마카, 물감, 색종이 등 다양한 방법으로 색칠하거나, 꾸며보세요. 즐겁게 역사 공부를 할 수 있습니다. 색칠 말고도 말풍선 채우기, 숨은 그림 찾기, 직접 그리기 등 다양하게 구성되어 있습니다.

 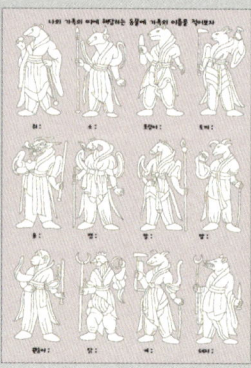  

좌뇌가 반짝! 우뇌가 반짝! 역사가 쏙쏙! 창의력도 쑥쑥!

○ 퀴즈

스토리 속에 숨어 있던 중요한 역사 상식들로 구성된 퀴즈입니다. 간단한 퀴즈도 있고, 논술과 같이 스스로 생각하고 적어야 하는 문제들도 있습니다. 스스로 생각하고 적다 보면 논리도 쑥쑥! 역사 실력도 쑥쑥!!

단원 별 들어가기 페이지 ○

시대 별로 정리되어 있는 구성에 맞춰 작은 목차가 있습니다. 목차 앞 동그라미는 완성한 그림에 따라 체크하세요. 성취감이 쑥쑥 !!

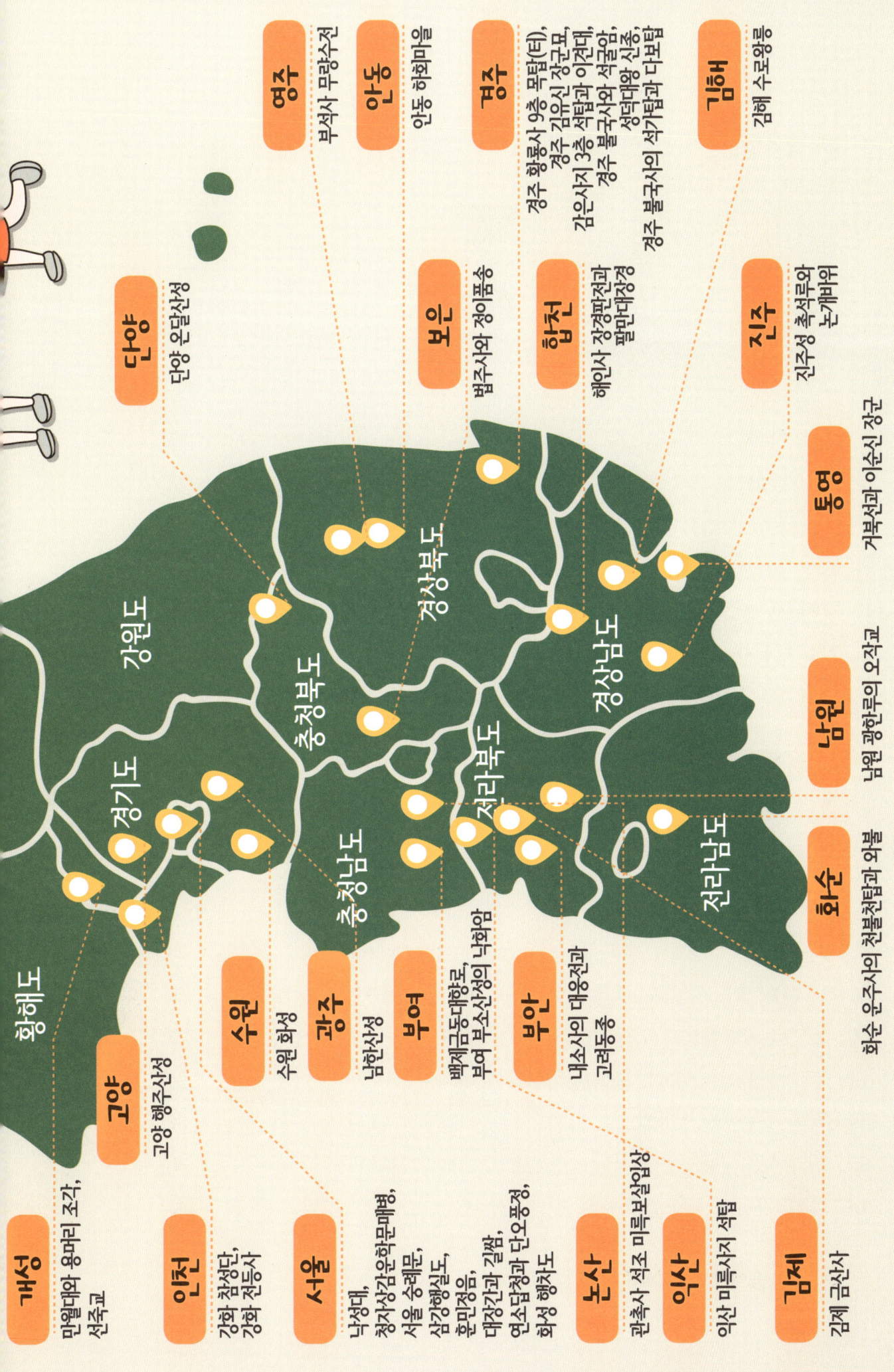

들어가며

이색톡 활용방법 4
수록된 문화재와 우리나라 지도 6
차례 8

1장 고조선과 삼국

1. 강화 참성단 : 단군왕검이 하늘에 제사를 지낸 곳 12
2. 김해 수로왕릉 : 알에서 태어난 금관가야의 왕, 김수로의 묘 14
3. 단양 온달산성 : 바보 온달과 평강공주의 이야기가 담겨 있는 곳 ... 16
4. 익산 미륵사지석탑 : 무왕이 된 서동과 선화 공주의 사랑이 깃든 곳 ... 18
5. 백제금동대향로 : 백제의 예술과 사상이 담겨 있는 걸작품 20
6. 경주 황룡사 9층 목탑 : 신라를 지켜준 찬란한 보물 22
7. 부여 부소산성의 낙화암 : 백제 멸망의 한과 슬픈 전설이 서린 바위 낙화암 ... 24

Quiz. 꽃유생과 역사 TALK 26

2장 통일신라와 발해

8. 경주 김유신 장군묘 : 삼국통일에 큰 공을 세운 김유신 장군의 묘 ... 28
9. 감은사지 3층 석탑과 이견대 : 죽어서도 나라와 백성을 지킨 문무왕 ... 30
10. 부석사 무량수전 : 의상 대사를 향한 선묘 낭자의 사랑이 깃든 곳 ... 32
11. 경주 불국사의 석가탑과 다보탑 : 아사달 아사녀의 슬픈 이야기가 담긴 탑 ... 34
12. 경주 불국사와 석굴암 : 김대성의 현재 부모와 옛 어머니를 위해 지어진 곳 ... 36
13. 성덕대왕 신종 : 아이의 구슬픈 소리가 종소리가 되어 들리는 곳 ... 38
14. 김제 금산사 미륵전 : 후백제 견훤이 아들에게 밀려 갇혔던 금산사 ... 40

Quiz. 꽃유생과 역사 TALK 42

고려 3장

- 15. **만월대와 용머리 조각** : 고려의 왕은 서해 용녀의 후손 ---- 44
- 16. **관촉사 석조 미륵보살입상** : 스님으로 변해 거란을 물리친 은진미륵 ---- 46
- 17. **낙성대와 강감찬** : 강감찬 장군 출생의 전설이 전해 내려오는 곳 ---- 48
- 18. **청자상감운학문매병** : 아름다운 청자가 만들어진 비밀 ---- 50
- 19. **내소사의 대웅전과 고려동종** : 자신이 갈 곳을 스스로 정한 종 ---- 52
- 20. **안동 하회마을** : 완성되지 못한 12번째 탈, 이매탈 ---- 54
- 21. **해인사 장경판전과 팔만대장경** : 부처님 힘으로 몽고군을 물리치자 ---- 56
- 22. **화순 운주사의 천불천탑과 와불** : 세우지 못한 마지막 와불 ---- 58
- 23. **강화 전등사** : 고려 충렬왕과 정화 궁주의 애절한 이야기가 담긴 곳 ---- 60
- 24. **선죽교와 정몽주** : 정몽주의 일편단심이 담긴 곳 ---- 62
- **Quiz. 꽃유생과 역사 TALK** ---- 64

조선 4장

- 25. **서울 숭례문** : 관악산의 불기운을 막아준 숭례문 ---- 66
- 26. **삼강행실도** : 충효를 기리는 마음 ---- 68
- 27. **훈민정음과 세종대왕** : 백성을 사랑한 세종대왕 ---- 70
- 28. **법주사와 정이품송** : 600년 뒤 벼슬을 얻게 된 신비로운 나무 ---- 72
- 29. **거북선과 이순신** : 왜적으로부터 나라를 지켜 낸 이순신 장군의 거북선 ---- 74
- 30. **고양 행주산성** : 행주대첩의 현장을 담고 있는 곳 ---- 76
- 31. **진주성 촉석루와 논개바위** : 왜장을 끌어안고 몸을 던져 진주성을 지킨 논개 ---- 78
- 32. **남원 광한루와 오작교** : 견우와 직녀의 애틋한 사랑이 서려있는 곳 ---- 80
- 33. **남한산성** : 임금이 무릎을 꿇은 치욕의 사건 ---- 82
- 34. **대장간과 길쌈** : 어울려 일하는 서민의 모습 ---- 84
- 35. **연소답청과 단오풍정** : 조선시대 여인들의 모습 ---- 86
- 36. **화성 행차도** : 어버이를 그리는 임금의 행차 ---- 88
- 37. **수원 화성** : 실학 정신으로 만들어낸 아름다운 계획도시 ---- 90
- **Quiz. 꽃유생과 역사 TALK** ---- 92
- **Quiz. 정답** ---- 93

제1장 고조선과 삼국

- 1. 강화 참성단
- 2. 김해 수로왕릉
- 3. 단양 온달산성
- 4. 익산 미륵사지석탑
- 5. 백제금동대향로
- 6. 경주 황룡사 9층 목탑
- 7. 부여 부소산성의 낙화암

1. 강화 참성단

한국에는 하늘나라보다 더 아름다운 곳이 있다?

　옛날 아주 먼 옛날, 하늘 위에서 마니산을 내려다보던 환웅은 그 아름다움에 감탄을 금치 못했어요. "하늘 아래 저리도 아름다운 곳이 있다니, 하늘 세계만 아름다운 것이 아니로다."
환웅은 아름다운 이곳에 나라를 세우기로 마음을 먹고 하늘나라에서 3000명을 이끌고 마니산으로 내려왔어요. 환웅은 웅녀를 만나 단군을 낳게 되지요. 단군은 커서
아름다운 마니산에 돌을 차곡차곡 쌓아 단을 만들기 시작했어요. "하늘의 신이시여, 아름다운 이곳에 나라를 세우고 백성을 다스리겠나이다. 부디 이 나라가 앞으로 천년만년 태평성대를 이루도록 도와주소서." 단군은 자신이 만든 단 위에 제물을 올려
두고 밤낮없이 지성을 다해 기도를 올렸어요.
백일째가 되던 날이었어요. 하늘에서는 오색 빛 무지개가
비치고 세상이 환하게 밝아지더니 어디선가 근엄한 목소
리가 들려왔어요. "네 정성이 갸륵하여 소원을 들어주겠노
라. 이곳에 나라를 세우거라. 내가 이 나라를 친히 보살필
것이다." 단군은 그 말을 듣고 몇 번이고 감사의 절을 올렸
어요.
단군은 하늘의 뜻에 따라 이곳에 '고조선'을 세우고, 자신
이 손수 쌓아 올린 제단 '참성단'에서 꾸준히 제사를 올리
며 나라의 안녕을 빌었답니다.

상단부는 원형, 하단부는 사각형으로 되어 있는데 이는 '하늘은 둥글고 땅은 네모나다'라는 세계관을 반영한 것이야

단군의 엄마는 곰일까?

TALK

단군의 아버지인 환웅은 3000명을 이끌고 인간 세계로 내려왔다. 어느 날 곰과 호랑이가 사람이 되고 싶다고 환웅을 찾아왔다. 환웅은 곰과 호랑이에게 동굴로 들어가 쑥과 마늘을 100일 동안 먹으면 사람이 될 수 있노라 말했다. 호랑이는 참지 못하고 중간에 뛰쳐나갔지만 곰은 마늘과 쑥을 계속 먹어 100일째 되던 날 여자가 되었다. 환웅은 여자가 된 곰 웅녀와 결혼해 단군을 낳았다.

단군 신화

2. 김해 수로왕릉

알에서 사람이 태어날 수 있을까?

　아주 먼 옛날 평화롭고 조용한 낙동강 유역에는 임금도, 나라도 없이 아홉 명의 족장들만 살고 있었어요. 매년 3월 3일이 되면 족장들은 구지봉에 올라 하늘에 제사를 지냈는데, 어느 날 하늘에서 큰 목소리가 들려왔어요. "산 꼭대기에 올라가라. 그곳에서 흙을 파며 구지가를 부르고 춤을 추면 너희들은 곧 임금을 맞이하게 될 것이다." 백성들과 아홉 족장들은 구지봉에 올라 춤을 추며 노래를 불렀어요. "거북아 거북아 머리를 내어라, 그렇지 않으면 구워 먹으리."
얼마 후 붉은 보자기에 싸인 금 상자가 하늘에서 내려왔어요. 그 속에는 황금알 여섯 개가 들어있었는데 사람들은 아홉 족장 중 우두머리인 아도간의 집으로 황금알을 옮기고 정성을 다해 돌보았어요. 며칠 후 여섯 개의 알이 영롱한 황금빛을 뿜으며 깨졌고 그 속에서 늠름한 소년 여섯 명이 나왔는데 신기하게도 소년들은 열흘 만에 어른이 되었어요.
사람들은 알에서 가장 먼저 나온 소년에게 '처음으로 세상에 나왔다'라는 뜻의 '수로'라는 이름을 지어주고, 금 상자에서 알이 나왔다 하여 성을 '김(金)'씨라 하였어요. 그리고 나서 '김수로'를 금관가야의 첫 임금으로 모시고 다섯 소년들은 나머지 다섯 가야 연맹국의 왕이 되었어요.

더 알아보기

나머지 가야 연맹국의 이름은 무엇일까?

TALK

지금의 경북 고령 지역으로 제철기술을 바탕으로 새로운 문화중심지였던 대가야, 경남 고성 지역의 소가야, 경북 상주와 문경에 해당하는 고령 가야, 벽진 가야라고도 불리는 성산가야는 경북 성주, 지금의 경남 함안에 해당하는 아라가야가 나머지 연맹국의 이름이었다.

3. 단양 온달산성

온달장군은 정말 바보였을까?

　고구려 평강왕에게는 공주가 있었는데 어려서부터 워낙 울기를 잘 하였어요. 왕은 공주의 울음을 멈추기 위해 "자꾸 울면 나중에 바보 온달에게 시집을 보낼 것이야." 라고 말하곤 했어요. 온달은 눈먼 어머니를 홀로 모시고 사는 착한 청년이었는데, 워낙 마르고 어리석어 사람들이 '바보 온달'이라고 불렀지요.

시간이 흐른 뒤 공주는 자라 어엿한 여인이 되었어요. 왕이 공주를 고 씨 귀족과 결혼 시키려 하자 "어찌 한 나라의 왕으로서 거짓말을 하시옵니까. 저는 온달과 결혼하겠사옵니다." 라고 말하며 궁에서 나와 온달에게 갔어요. 평강공주는 궁궐에서 가지고 나온 패물을 팔아 온달이 무예와 학문을 닦도록 도와주었어요. 후에 사냥 대회가 열렸는데, 온달은 그동안 갈고닦은 실력을 마음껏 뽐냈어요. 온달이 대회에서 우승을 하자 왕은 그가 자신의 사위인 바보 온달임을 알고 크게 놀랐어요.

그 뒤 중국의 무제가 고구려로 쳐들어 왔는데 온달은 전쟁에서 큰 공을 세워 높은 벼슬에도 올랐어요. 590년 영양왕이 즉위하자 온달은 신라에게 빼앗긴 땅을 되찾아 오겠다며 군사들과 함께 내려갔지만 아차산성 전투에서 신라군의 화살에 맞아 전사하고 말았습니다. 전쟁이 끝난 후 온달의 장례를 치르기 위해 관을 옮기려 하였으나 온달의 관이 꿈쩍도 하지 않았어요. 온달이 죽었다는 소식을 들은 평강이 한달음에 달려와 온달의 관을 어루만져 주자 비로소 관이 움직였다고 해요.

더 알아보기

평민과 공주가 정말 결혼할 수 있었을까?　　　　　　TALK

고구려에는 왕족과 준왕족, 다섯 부족의 우두머리인 대가와 그 밑의 관료들이 지배계급으로 상위 신분층을 이루었고, 피지배 신분으로 농사를 짓는 농민, 그리고 노비와 같은 천민이 있었다. 본래 왕족과 평민 사이의 혼인은 있을 수 없는 일이지만 온달 설화는 당시 혼란스러웠던 계급 사회를 반영한다. 부를 축적한 사람들이나 공을 세워 하급 귀족으로 진출한 인물이 많아졌는데 이 이야기는 당시의 사회상을 나타낸 것이다.

4. 익산 미륵사지석탑

짝사랑이 이루어지는 마법의 노래가 있다?

장은 어릴 때부터 마를 캐다 팔아서 살림을 도왔기 때문에 사람들은 그를 서동이라 불렀어요. 한날 서동은 신라 진평왕의 셋째 딸인 선화공주가 미인이라는 말을 듣고 무작정 서라벌로 떠났어요. 먼 발치에서 공주를 바라보니 첫눈에 반할 만큼 아름다웠지요. 서동은 꾀를 내어 서라벌 아이들에게 자신이 캔 마를 나눠주며 동요를 가르쳐주었어요. "선화 공주님은~ 남몰래 시집가서~ 서동을 밤에 몰래 안고 간다~." 순식간에 동요는 온 마을에 퍼졌고 이윽고 왕의 귀에까지 들어갔어요.

억울한 누명을 쓴 선화공주는 금덩이 하나만 들고 궁궐에서 쫓겨나게 되었는데, 길가에서 서동과 마주치게 되었어요. 서동은 공주에게 모든 것을 솔직히 고백했고, 서동의 지혜에 감탄한 공주는 그를 따라 백제로 건너갔어요. "어머니가 주신 황금입니다. 이것만 있으면 걱정 없이 살 수 있지요." 금에 대해 몰랐던 서동은 그제야 그것이 황금인 줄 알게 되었고, 선화공주에게 마를 캐는 곳에 가면 황금이 널렸다 알려주었어요.

선화공주와 서동은 황금을 진평왕에게 보내기 위해 미륵산 사자사의 지명 법사에게 부탁을 했어요. 법사는 도술을 부려 신라 궁궐로 편지와 황금을 보냈고 이것을 받은 진평왕은 몹시 놀라며 서동의 지혜에 감탄해 둘의 혼인을 인정하였어요. 이후 서동은 백제의 제30대 왕인 무왕이 되었어요. 하루는 무왕이 부인과 함께 사자사로 가려고 미륵산 아래 큰 연못가에 이르자 미륵삼존이 못 가운데서 나타났어요. 깜짝 놀란 왕과 왕비는 수레를 멈추고 절을 하였고 그 자리에 절을 짓기로 했어요. 이곳에 세워진 절이 바로 미륵사에요.

더 알아보기

미륵사지 석탑은 어떤 석탑일까?

국보 제11호, 우리나라 최고, 최대의 석탑으로 목탑이 석탑으로 이행하는 과정의 구조를 보여주는 중요한 탑이다. 이 석탑은 이전에 성행했던 목탑의 각 부 양식을 나무가 아닌 돌로 재현한 것으로 우리나라 최고의 석탑으로 보고 있다.

TALK

서동같은 남자 만날래

그런 사람을 만나려면 너도 열심히 공부해

5. 백제금동대향로

백제 시대에는 전설의 동물 용과 봉황이 존재했다?

538년, 성왕은 나라 이름을 백제에서 '남부여'로 바꾸고 불교를 발달시켜서 나라의 안정을 도모하려 했어요. 이 시기에 만들어진 백제금동대향로는 화려한 백제 문화의 진수를 잘 보여주는 유물입니다. 백제금동대향로는 청동으로 모양을 내고 금으로 겉을 싼 높이 61.8cm 무게 11.8kg의 향로로, 보통의 것이 높이가 20cm인 것과 비교했을 때 아주 크고 정교하게 만들어졌어요. 가까이서 보면 그 무늬가 엄청 섬세해요. 1300년 전에 만들어진 이 향로는 현대에 와서도 재현하기 어려울 정도로 공예품 중 최고의 기술을 자랑하고 있답니다.

백제금동대향로는 한 마리의 용이 활짝 핀 연꽃과 봉래산을 떠받치고 있어요. 봉래산은 중국 동쪽 바다 가운데 있는 산으로 신선이 살고 불로초와 불사약이 있다는 전설 속의 산이에요. 중간 연꽃 부분에는 온갖 짐승과 신선들이 새겨져 있으며 뚜껑에는 봉래산에 산다는 전설의 새 봉황이 새겨져 있지요.

이 향로 조각에는 불교 사상과 도교 사상이 함께 담겨 있는데, 도교 사상은 신선 사상과 불로장생을 추구하는 것으로 중국에서 들어왔어요. 백제 사람들은 죽은 사람이 신선 세계로 가기를 바라는 마음으로 전설의 동물 용과 봉황을 향로에 새겼답니다.

백제의 금속 공예 기술과 금 도금술이 대단했구나!

동아시아 향로 중 가장 우수한 향로로 인정받고 있다구!

더 알아보기

백제금동대향로는 1300년이 지났는데 어떻게 완벽하게 보존될 수 있었을까?

TALK

1971년 백제금동대향로가 처음 발견되었다. 1300년이 지났지만 백제금동대향로의 형태는 놀라울 만큼 완벽하게 보존되어 있었는데, 당시 발굴에 참여한 학자들은 이 향로의 발견을 '기적'이라 말하였다. 백제금동대향로가 본연의 모습을 그대로 간직할 수 있었던 비밀은 바로 진흙이다. 이 향로는 공기가 전혀 통하지 않은 부드러운 진흙 속에 묻혀 있었기 때문에 1300년 동안 아름답게 그 형태를 유지할 수 있었다.

백제금동대향로

6. 경주 황룡사 9층 목탑

원수의 나라를 위해 세워진 탑은 무엇일까?

신라 제27대 선덕 여왕 때, 당나라로 유학을 가던 자장 스님이 한 연못가를 지나는데 신선이 나타나 "너의 나라는 여자를 왕으로 삼아 덕은 있어도 위엄이 없는지라 자꾸만 이웃나라가 침략하는 것이니 서둘러 신라로 돌아가 황룡사에 9층 탑을 세우거라." 라고 말했어요.

당나라에서 유학을 마치고 신라로 돌아온 자장 스님은 선덕 여왕에게 곧바로 사실을 말했고, 선덕 여왕은 황룡사에 9층 목탑을 만들기 위해 백제의 뛰어난 장인인 아비지를 불렀어요. 아비지는 백제의 원수나 다름없는 신라를 위해 일을 해야 할지 말아야 할지 한참을 고민하다 결국 신라로 왔어요. 그 후 아비지는 한동안 탑을 세우는 일에 정성을 다하였어요.

그러던 어느 날 아비지는 백제가 망하는 꿈을 꾸었어요. "꿈자리가 뒤숭숭한 것이 예사롭지가 않다. 아무래도 백제로 다시 돌아가야 할 듯하구나." 아비지가 백제로 도망 치려하자 갑자기 천지가 뒤흔들리고 거센 바람이 몰아치더니 어둠 속에서 한 늙은 스님이 자기가 세운 탑의 기둥과 똑같은 기둥을 세우고는 이내 사라졌어요. 이를 본 아비지는 부처님을 뜻이라 여기고 다시 탑을 세우는 일에 몰두하였어요.

"이 탑이 완성되면 아홉 개 나라에서 우리 신라에 조공을 바친다 하더군. 1층은 일본, 2층은 중화… 9층은 백제와 고구려, 이 모든 나라들이 곧 신라의 발아래에 놓일 것이야." 이 말을 엿들은 아비지는 또 한번 고민에 빠졌으나 결국 모든 것을 부처님의 뜻으로 돌리고 높이 225척의 거대한 탑을 완성했어요. 신라는 이 탑을 세운 뒤 삼국을 통일했으며 황룡사 9층 목탑은 장육존상, 천사옥대와 함께 신라의 찬란한 3대 보물 중 하나가 되었어요.

더 알아보기

황룡사 9층 목탑이 사라졌다?

신라의 삼국통일을 바라는 간절한 소원이 표현되어 만들어진 황룡사 9층 목탑은 고려 고종 25년에 몽골의 침입으로 높이가 6척이나 되는 장육존상과 함께 소실되어 현재는 탑의 초석만 남아있다.

TALK

225척이 어느 정도인 거예요?

아직 여러가지 의견이 많지만 1척이 35.2cm인 고려척의 기준으로 79.2m나 되었다는군!

황룡사 9층 목탑

7. 부여 부소산성의 낙화암

삼천 궁녀가 꽃잎이 되어 떨어진 곳은 어디일까?

　백제의 마지막 왕인 의자왕 때 일이에요. 신라의 김유신은 당나라와 힘을 합쳐 4만 대군을 이끌고 나라의 힘이 약해진 백제로 쳐들어왔어요. 백제의 계백 장군과 군사들은 최선을 다해 백제를 지키려 노력하였지만 신라와 당나라의 연합군에 속절없이 당하고 말았어요.
사비성에 남은 백제의 궁녀들과 백성들은 부소산성으로 몸을 숨겼으나 백제가 전쟁에 졌다는 소식을 듣고 깊은 상심에 빠지고 말았어요. 그도 그럴 것이 백제라는 나라가 사라져 더 이상 그들이 머물 곳이 없어져 버린 것이지요.
"원통하도다. 이대로 적군의 손에 죽느니 차라리 강으로 뛰어들겠다."
밀려오는 나당 연합군에 몸이 더럽혀지느니 깨끗한 죽음을 맞겠다 결심한 백제의 궁녀들과 귀족들은 하나둘씩 백마강 푸른 강물에 몸을 던지기 시작했어요. 궁녀들과 여인들은 치마를 뒤집어쓰고 나라를 잃은 슬픔에 눈물을 뚝뚝 흘리며 백마강으로 뛰어내렸어요.
부소산성 바위에 올라 곱디고운 치맛자락을 푹 뒤집어쓰고 뛰어내리는 삼천여 명의 궁녀들이 마치 바람에 떨어지는 꽃잎처럼 보였지요. 후에 이 슬픈 이야기를 들을 사람들은 이들이 뛰어내린 바위에 떨어질 낙(落) 꽃 화(花), 즉 꽃이 떨어진 곳이라 하여 낙화암이라 불렀습니다.

나라를 잃은 슬픔이 얼마나 컸을까..흑흑

더 알아보기

정말 의자왕의 궁녀는 삼천 명이었을까?

TALK

백제가 망하자 의자왕의 삼천 궁녀들이 나라와 운명을 같이 하기 위해 낙화암에서 뛰어내렸다. 실제로 낙화암이 있는 왕궁 터를 가보면 너무 좁아 삼천 명의 궁녀가 지낼 공간이 없다. 삼천 궁녀는 중국 역사 책에 으레 많은 궁녀를 지칭할 때 썼던 말로, 의자왕의 많은 궁녀를 표현하기 위해 '삼천 궁녀'라는 말을 쓴 것으로 보인다.

숨은그림찾기
우산, 가위, 종이비행기, 고래

백마강으로 몸을 던지는 궁녀들과 낙화암

꽃유생과 역사 TALK

정답 p93

1. 왜 환웅은 호랑이와 곰에게 다른 음식이 아닌 마늘과 쑥을 먹으라고 했을까?

1.

2. 황룡사 9층 목탑이 사라진 건 누구의 침입 때문일까?
① 일본 ② 중국 ③ 몽골 ④ 거란 ⑤ 당나라

2.

3. 백제의 마지막 왕은 누구일까?
① 유리왕 ② 의자왕 ③ 근초고왕 ④ 무왕 ⑤ 침류왕

3.

4. 서동요를 통해 알 수 있는 서동의 성격은?
① 어리석다 ② 순진하다 ③ 느긋하다 ④ 치사하다 ⑤ 적극적이다

4.

5. 백제 사람들은 백제금동대향로에 왜 용과 봉황을 새겼을까?

5.

제2장 통일신라와 발해

- 8. 경주 김유신 장군묘
- 9. 감은사지 3층 석탑과 이견대
- 10. 부석사 무량수전
- 11. 경주 불국사의 석가탑과 다보탑
- 12. 경주 불국사와 석굴암
- 13. 성덕대왕 신종
- 14. 김제 금산사 미륵전

8. 경주 김유신 장군묘

왕만큼 칭송받았던 장군이 있다?

신라의 장군 김유신은 삼국통일에 기여한 공이 큰 사람으로서 신라가 아닌 금관가야의 후손이었어요. 가야가 신라로 편입되자 김유신은 신라에서 살아가기 위해 많은 노력을 했어요. 용감하고 지혜로웠던 김유신은 훗날 신라의 장군이 되어 많은 군사들을 이끌고 여러 전투와 내전에서 큰 공을 세웠어요.

큰 싸움에 나가게 된 어느 날, 거리 곳곳에는 전쟁터로 용감히 나가는 군사들을 격려해주기 위해 많은 사람들이 나와있었어요. 한 부하가 근처 김유신의 집에 들렀다 가자 하였더니 김유신은 그저 자기 집 우물에서 물 한 사발만 떠오라고 했어요. "물 맛이 그대로인 것을 보아하니 집에 별일이 없는 듯하구나. 이제 전쟁터로 향하자. 군사들 모두가 가족이 보고 싶을 것인데 어찌 나만 가족들을 만날 수 있으랴."

660년, 김유신 장군은 백제를 멸망시켰으며 8년 뒤 668년에는 신라군의 총사령관이 되어 고구려까지 멸망시키고 당의 침략을 막아 신라의 삼국통일의 일등공신이 되었어요. 큰 공을 세운 김유신이 세상을 떠나자 문무왕은 그의 죽음을 슬퍼하며 성대하게 장사를 치러 주었어요. 김유신 장군묘 앞에 세워져 있는 비에는 '태대각간(太大角干)'이란 글씨가 새겨져 있는데, 태대각간이란 신라 최고의 관직을 뜻하는 것으로 신라 역사에서 태대각간은 오직 김유신 장군뿐이에요.

김유신 장군묘를 지키는 건 누구일까?

TALK

십이지 신상은 쥐, 소, 호랑이, 토끼, 용, 뱀, 말, 양, 원숭이, 닭, 개, 돼지의 얼굴을 하고 몸은 사람인 것으로 나쁜 기운을 물리치는 수호신으로 생각했다. 김유신 장군묘에는 십이지신이 새겨진 돌이 무덤 주위를 빙 둘러붙어있다. 십이지 신상이 있는 무덤으로는 김유신 장군묘를 비롯하여 경주의 괘릉과 성덕왕릉이 유명하다.

나의 가족의 띠에 해당하는 동물에 가족의 이름을 적어보자

쥐 :

소 :

호랑이 :

토끼 :

용 :

뱀 :

말 :

양 :

원숭이 :

닭 :

개 :

돼지 :

9. 감은사지 3층 석탑과 이견대

바다 위에 자신의 무덤을 만들었던 왕이 있다?

문무왕은 백제를 무너뜨린 아버지 태종 무열왕의 뜻을 이어받아 삼국통일에 힘썼어요. 계속된 전쟁 끝에 서기 668년, 신라는 당나라의 도움을 받아 고구려를 무너뜨리고 문무왕은 마침내 삼국통일을 이루었어요.

늘 백성의 안전을 위해 힘쓴 문무왕은 고민이 많았어요. 고구려와 백제와의 긴 전쟁을 끝내고 나니 동해와 남해로 왜구들의 쳐들어와 백성들을 죽이고 재물을 빼앗아 갔기 때문이지요. 문무왕은 부처님의 힘으로 왜구를 진압하기 위해 동해가 한눈에 보이는 낮은 산에 감은사를 짓게 하였는데 안타깝게도 문무왕은 완공을 못 본채 눈을 감고 말았어요. 왜구의 노략질에 늘 걱정이 많던 문무왕은 죽기 직전 아들 신문왕에게 유언을 남겼어요. "내가 죽거든 동해에 나를 묻어다오. 나는 용이 되어 부처님을 받들고 나라를 위해 왜구를 막을 것이니라."

아들 신문왕은 왕위에 올라 682년에 감은사를 완공한 뒤 금당 뜰 아래쪽에 동쪽으로 향하는 구멍 하나를 뚫어 두었어요. 이 구멍은 용이 된 문무왕이 절에 드나들기 쉽게 하기 위한 통로였지요. 문무왕의 유언에 따라 유골을 간직한 곳을 대왕암이라 이름 짓고, 동해에서 용이 나타난 것을 본 곳을 이견대라 불렀어요.

문무왕은 죽어서도 나라를 지켰구나

 더 알아보기

신라의 삼국통일은 왜 중요할까?

TALK

신라의 삼국통일은 당의 세력을 쫓아내 <u>자주적으로 이룬 통일</u>이라는 점과, 고구려와 백제의 문화를 수용하여 민족 문화 발전의 토대를 마련하여 주었다는 점에서 중요하다. 또한 삼국을 통일한 신라는 영토 확장을 통해 이전 보다 넓은 영토를 가지게 되었고, 그로 인해 경제가 발전하였다.

10. 부석사 무량수전

선묘 아가씨는 왜 바위를 띄웠을까?

의상이 당나라에서 불법 공부를 하고 있을 때 의상을 홀로 짝사랑하던 선묘라는 아가씨가 있었어요. 하지만 의상은 아름다운 선묘 아가씨에겐 눈길 한번 주지 않고 공부에만 열중하였어요. 선묘 아가씨는 의상의 공부가 끝나기만을 기다렸으나 의상은 공부를 마치자마자 선묘 아가씨를 만나지 않고 신라로 돌아가는 배를 타고 떠나버렸어요. 선묘 아가씨는 배가 떠나는 모습을 하염없이 바라보며 생각했어요. "내가 죽어 의상 스님이 고국에 무사히 도착할 수 있도록 지켜주겠어요." 선묘 아가씨는 그 자리에서 바닷물에 몸을 던져 용이 되었어요.

용이 된 선묘 아가씨 덕분에 의상은 무사히 신라에 도착하였어요. 의상은 자신이 공부한 불법을 널리 알리기 위해 절을 짓고자 하였어요. 의상이 절을 지을 곳을 찾기 위해 전국을 돌아다니다 마침내 경북 영주에 봉황의 모습을 하고 있는 산을 발견했어요. 그러나 그곳에는 먼저 자리를 잡고 있는 도둑의 무리 500명이 있었어요.

도둑들이 의상에게 겁을 주며 산에서 쫓아내려 하였어요. 그때 별안간 큰 바위가 공중으로 붕 뜨는 것이 아니겠어요! 놀란 도둑들은 서둘러 도망쳤고 의상은 예정대로 무사히 절을 지을 수 있어요. 이것은 바로 선묘 아가씨가 큰 바윗돌을 띄워 올려 의상을 도와준 것이었어요. 의상은 선묘 아가씨를 기리며 절 이름을 '부석사'라 짓고, 선묘각이라는 사당과 무량수전 그리고 석등을 세웠어요.

더 알아보기

의상과 함께 당나라 유학 길을 올랐던 친구는 누구일까? TALK

의상은 불법을 공부하기 위해 원효와 당나라로 향하던 중 동굴 속에서 하루를 지내기로 했다. 깊은 밤 원효대사가 목이 말라 어둠 속을 더듬어 물을 찾아 마시니 그 맛이 꿀처럼 달고 시원했다. 다음 날 아침 의상이 원효를 급히 깨워 일어나보니 간밤에 마신 물이 해골물인 것을 알게 된 원효는 토를 했다. '어제는 맛있게 마신 물을 보고 오늘 아침엔 토악질이라니...' 원효는 순간 큰 깨달음을 얻었다. '진리는 먼 곳에 있는 것이 아니라 내 마음속에 있는 것이다.' 그 길로 원효는 유학을 접고 돌아갔으며 의상만이 당나라로 향하였다.

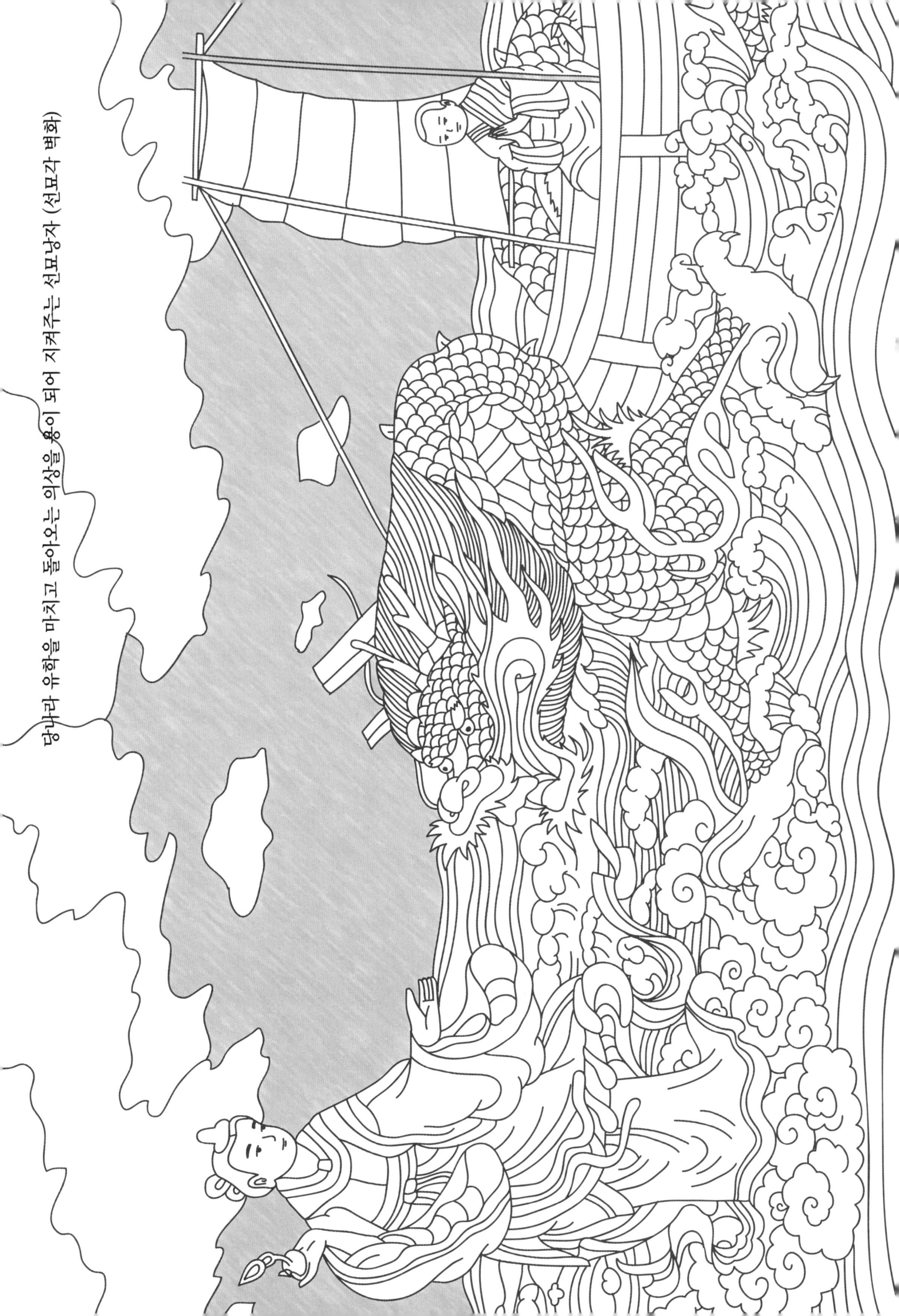

당나라 유학을 마치고 돌아오는 의상을 용이 되어 지켜주는 선묘낭자 (선묘각 벽화)

11. 경주 불국사의 석가탑과 다보탑

석가탑과 다보탑, 이중에 그림자가 없는 탑이 있다?

당시 가장 뛰어난 석공으로 알려진 백제의 후손 아사달은 불국사에 석탑을 만들기 위해 사랑하는 아내 아사녀와 헤어져 석탑을 만드는 데 온 정성을 기울였어요. 아사달이 다보탑을 완성하고 석가탑을 만드느라 몇 해를 넘긴 어느 날, 아사녀는 그리움을 참지 못하고 남편을 만나기 위해 불국사로 찾아왔어요.

그러나 탑이 완성되기 전까지는 여자를 들일 수 없다는 금기 때문에 아사녀는 결국 남편을 만나지 못했어요. 슬픔에 잠긴 아사녀는 날마다 불국사 문 앞을 서성거렸어요. 이를 보다 못한 스님이 꾀를 내어 아사녀에게 말했어요. "이곳에서 멀지 않은 곳에 자그마한 못이 하나 있소. 그곳에서 지성을 다해 빈다면 탑이 완공되는 대로 탑의 그림자가 못에 비칠 것이오."

그 이튿날부터 아사녀는 못을 들여다보며 하루빨리 탑의 그림자가 비치기를 기다렸어요. "어서 못에 탑의 그림자가 비쳐야만 사랑하는 아사달을 만날 수 있을 텐데…." 아사녀는 몇 날 며칠 동안 정성을 다해 빌었어요. 남편을 가까이에 두고 만나지 못하던 아사녀는 문득 연못 속에서 탑의 환상을 보고 아사달을 그리워하며 연못으로 뛰어들었어요.

마침내 탑을 완성한 아사달은 아내의 이야기를 듣고 한걸음에 그 못으로 달려갔지만 아사녀의 모습을 다시 볼 수 없었어요. 이후 아사녀가 남편을 기다릴 때 탑의 그림자가 이 연못에 비추었다 하여 그림자 못이라는 뜻의 '영지'라 하였고 그림자를 비춘 다보탑을 '유영탑(有影塔)', 끝내 그림자를 비추지 않은 석가탑을 '무영탑(無影塔)'이라 불렀어요.

아사녀가 조금만 더 기다렸다면…

더 알아보기

탑도 쌍둥이가 있다?

TALK

일반적으로 같이 지어진 쌍탑은 그 형태가 서로 같지만 불국사의 경우 두 탑의 형태가 서로 다르다. <u>석가탑은 일반적인 탑의 모양을 하고 있고, 다보탑은 장식성이 강하다.</u> 다보탑에 놓인 장식 중 돌사자상은 원래 사방으로 4개가 놓여있었으나 일본에 나라를 빼앗긴 당시 해체·조립과정에서 3개가 없어져 현재 하나만 남아있다.

12. 경주 불국사와 석굴암

불국사와 석굴암은 무슨 관계일까?

너무너무 가난한 어느 집에 홀어머니와 대성이라는 아들이 함께 살고 있었어요. 홀어머니는 어린 아들을 위해 매일매일 부처님께 정성을 다해 기도를 올렸지요. 대성이 열아홉이 되던 해 한 스님이 나타나 말하기를, 하나를 보시하면 만복을 얻게 될 것이라 했어요. "어머니, 전생에 좋은 일을 해놓은 것이 없어 지금 우리가 이리도 가난한 것입니다." 대성과 홀어머니는 가지고 있던 전 재산을 모두 스님께 시주하였어요.

그리고 몇 달 후 대성은 시름시름 앓다가 그만 죽고 말았는데, 그날 밤 당시 나라의 재상인 김문량은 아들을 얻는 꿈을 꾸었어요. 열 달이 지나 김문량의 아내는 아들을 낳았는데 태어난 아이

는 왼쪽 손에 금쪽을 꼭 쥐고 있는 게 아니겠어요! 아이가 태어난 지 7일이 되던 날, 꼭 쥐고 있던 손바닥을 폈더니, 놀랍게도 그 금쪽에는 '대성'이라는 이름이 새겨져 있어요.

김문량은 새로 태어난 아들의 이름을 그대로 대성이라 불렀고, 전생의 가난한 어머니도 모셔와 다시 태어난 대성을 기르며 편히 살도록 도와주었어요. 대성은 어른이 되어 현생의 부모님을 위해 불국사를 세우고, 전생의 어머니를 위해 석굴암을 지었어요.

> 불국사와 석굴암은 유네스코 세계문화유산으로까지 등록되었다구!

더 알아보기

석굴암은 어째서 이끼가 생기지 않을까?   **TALK**

김대성은 원래 석굴을 파서 절을 지으려 했다. 그러나 우리나라에서 흔한 화강암은 너무 강해 파내기가 힘들어 결국 방을 굴처럼 만들었다. 정교하게 돌을 다듬어 높이 쌓아 쐐기돌을 곳곳에 박아둠으로써 돌이 서로 지탱할 수 있게 했다. 또한 바닥에 인공샘을 만들어 바닥의 온도를 낮추었다. <u>바닥의 온도가 내려가면 실내의 습기가 바닥에 맺히게 되는데</u> 돌에 이끼가 끼는 걸 막기 위한 지혜였던 것이다.

석굴암 본존불

13. 성덕대왕 신종

아름다운 종소리의 비밀은 무엇일까?

신라 35대 경덕왕은 아버지 성덕대왕의 은혜와 공덕을 기리기 위한 방법을 고민하던 중 봉덕사를 세우고 그 절에 신라에서 가장 크고 아름다운 종을 만들기로 하였어요. "봉덕사에 종을 만들어 그 소리가 온 나라에 울려 퍼지도록 하라." 봉덕사 스님들과 종을 만드는 주종자들은 12만 근이라는 엄청난 쇳덩어리를 녹여 아름다운 종을 만들기 위해 최선을 다했어요.

드디어 종을 완성하였지만 어찌 된 영문인지 종에서 아무런 소리가 나지 않았어요. 온 나라의 내로라 하는 장인들을 불러 종을 손보게 하였지만 뾰족한 수가 없었지요. 결국 경덕왕은 종을 완성하지 못한 채 세상을 떠나고, 혜공왕이 다시 그 일을 이어나갔어요. 그러던 어느 날 봉덕사 주지 스님의 꿈에 부처님이 나타나 "맑고 아름다운 종소리를 내기 위해서는 때묻지 않은 어린아이가 필요하다." 라고 하였어요. 꿈에서 깬 스님은 잠시 깊은 고민에 빠졌지요.

스님은 전에 시주를 다닐 때 만난 가난한 여인을 떠올렸어요. 평소 불심이 좋기로 소문난 여인은 가난한 자신의 집엔 시주할 것이 없다며 젖먹이 아이라도 거둬달라 말했었어요. 스님은 날이 밝자마자 그 여인을 찾아가 지난밤 꿈 이야기를 해주며 아이를 시주할 것을 간절히 청했지요. 여인은 눈물을 훔치며 아이를 내놓았고, 펄펄 끓는 쇳물 속에 아이를 집어넣었어요. 마침내 완성된 종을 치니 '에밀레~'하며 아이가 엄마를 찾는 아름답고 슬픈 종소리가 온 세상에 퍼졌어요.

더 알아보기

정말 종을 만들 때 아이를 넣었을까?

TALK

성덕대왕신종은 다른 종과 달리 어린아이의 울음소리와 같은 음파가 9초 간격으로 들린다. 그 소리가 신비롭고 아름다워 이런 설화가 생긴 것이다. 하지만 인이라는 뼈의 성분이 쇳물을 잘 녹게 만들어주기 때문에 전혀 과학적 근거가 없는 이야기는 아니다. 지금은 종을 보호하기 위해 더 이상 타종을 하지 않으며 실제 소리는 들을 수 없지만 녹음된 소리는 들을 수 있다.

14. 김제 금산사 미륵전

신검이 동생을 죽이고 아버지 견훤을 가둔 이유는 무엇일까?

때는 통일 신라 말 진성 여왕, 나라의 기강과 질서가 점점 무너지고 있었어요. 이틈을 타 견훤과 궁예를 중심으로 후백제와 후고구려가 힘을 키워 나갔어요. 후고구려를 일으킨 궁예는 날로 포악해져 사람들로부터 신임을 잃고 왕건이 그 뒤를 이어나갔어요.

한편 힘을 키운 후백제 견훤은 쇠약해진 신라를 공격해 경순왕을 몰아내었어요. 기세가 등등해진 견훤은 부인과 후궁 아래로 자식들이 10명 정도 있었는데, 견훤은 그중 넷째 아들 금강을 가장 예뻐하였고 왕위까지 물려줄 생각을 하고 있었어요. 당연히 왕위를 계승할 줄 알았던 첫째 아들 신검은 몹시 화가 났어요. 신검은 둘째와 셋째인 양검과 능검의 꼬임에 넘어가 금강을 죽이고 아버지 견훤을 금산사에 가두고 왕위를 빼앗았어요.

"이놈들! 무례하도다!!! 어서 이 문을 열지 못할까!" 화가 난 견훤은 소리를 질렀지만 굳게 닫힌 문은 열리지 않았어요. 한날 견훤은 꾀를 내어 맛있는 술을 빚었고, 그 술을 문지기에게 가지고 갔어요. 문지기는 맛있는 술에 금세 취해 곯아떨어졌고 견훤은 그 틈을 타 탈출하여 고려로 갔어요.

"왕건, 부디 후백제를 쳐 나를 대신해 복수해주시오." 견훤은 왕건에게 자신의 나라와 아들을 공격해 달라고 부탁했어요. 왕건은 대군을 이끌고 신검의 후백제를 격파시키고 마침내 후삼국을 통일하였어요.

더 알아보기

왕건이 후삼국을 통일한 후 신검은 어찌 되었을까? TALK

후삼국을 통일한 왕건은 쿠데타의 중심이었던 신검은 벌하지 않고 신검을 꼬드겨 패륜을 저지르게 한 둘째와 셋째 양검과 능검만 처형하였다. 신검이 아버지를 몰아내고 왕위를 차지한 것은 두 아우의 압박으로 인한 것이며, 신검 스스로 항복해 벌을 줄 것을 왕건에게 청하니 왕건은 그를 용서해 주었다. 견훤이 갇혔던 금산사의 미륵전은 정유재란 때 소실되었고 지금의 금산사 미륵전은 17세기에 재건한 것이다.

김제 금산사 미륵전

꽃유생과 역사 TALK

정답 p93

1. 신라 최고의 관직을 뜻하는 말로, 김유신에게만 쓰여진 이 말은?

1.

2. 신라의 삼국통일을 이룬 왕은 누구일까?
① 무열왕 ② 문무왕 ③ 신무왕 ④ 신덕왕 ⑤ 경순왕

2.

3. 다음 중 옳은 것에 O 틀린 것에 X를 표시해 보자

3. 의상과 함께 유학길에 올랐던 친구는 원효이다. (　　)
원효는 선묘 아가씨를 짝사랑했다. (　　)
의상은 나중에 선묘 아가씨와 결혼하였다. (　　)
선묘 아가씨는 용이 되어 의상을 지켜주었다. (　　)

4. 서로 짝이 맞게 줄을 그어 보자

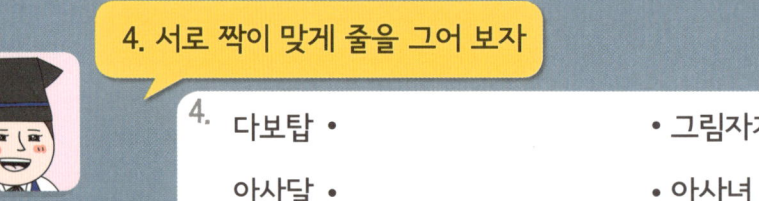

4. 다보탑 •　　　　　• 그림자가 없는 탑
아사달 •　　　　　• 아사녀
석가탑 •　　　　　• 그림자가 있는 탑

5. 성덕대왕 신종의 다른 이름은 무엇일까?

5.

42

제3장 고려

- 15. 만월대와 용머리 조각
- 16. 관촉사 석조 미륵보살입상
- 17. 낙성대와 강감찬
- 18. 청자상감운학문매병
- 19. 내소사의 대웅전과 고려동종
- 20. 안동 하회마을
- 21. 해인사 장경판전과 팔만대장경
- 22. 화순 운주사의 천불천탑과 와불
- 23. 강화 전등사
- 24. 선죽교와 정몽주

15. 만월대와 용머리 조각

왕건의 할머니는 용이다?

고려 태조 왕건의 할아버지 작제건이 당나라로 향하던 중 바다에서 풍랑을 만나 표류하게 되었어요. 이때 한 노인이 나타나 자신은 서해의 용왕이라 말하며 활을 잘 쏘는 작제건에게 "늙은 여우가 나타나 경을 외면 머리가 아프오. 부디 자네의 멋진 활 솜씨로 여우를 쏘아 죽여주시오." 라고 부탁했어요.

약속한 대로 작제건은 뛰어난 활 솜씨를 뽐내며 단번에 여우를 죽였어요. 용왕은 이 은혜에 보답하기 위해 작제건을 용궁으로 초대하고 일곱 가지 보물을 주겠다 말했어요. 이때 어디선가 자욱한 연기가 일더니 할머니가 나타나 용왕의 딸에게 청혼하라고 일러주었어요. 작제건은 용왕의 맏딸 용녀를 아내로 삼고 용왕이 들고 있던 지팡이와 돼지를 얻어 돌아왔어요.

여의주가 없는 게 암룡, 여의주를 물고 있는 게 수룡이지

1년이 지난 어느 날 돼지가 갑자기 우리에 들어가지 않았어요. "만약 이곳이 살 곳이 못되어 네가 그러는 것이라면 네가 가고 싶은 곳으로 가자. 내가 그곳으로 따라가겠다." 작제건이 돼지에게 이렇게 말하자, 이튿날 아침 돼지는 송악산 남쪽 기슭으로 올라가더니 그 자리에 털썩 누워버렸어요. 작제건은 그곳에 터를 잡고 용녀와 함께 아들 용건을 낳았어요. 이후 용건은 꿈에서 본 한 씨와 결혼해 왕건을 낳았어요.

돼지가 인도한 송악산 남쪽 기슭은 현재의 만월대 연경궁 봉원전 자리이며, 용왕이 준 돼지는 태조 왕건이 나올 터와 고려의 도읍지를 알려준 것이었어요.

더 알아보기

지금 용머리 조각은 어디에 있을까? TALK

만월대 회경전 앞에 있던 암컷인 용머리 조각과 수창궁 근처에서 발견된 수컷 용머리 조각은 현재 고려 박물관 앞뜰에 위치한 개성 성균관 대성전 뜰에 함께 옮겨져 있다.

16. 관촉사 석조 미륵보살입상

돌로 만든 불상이 압록강을 건널 수 있을까?

고려 광종 때, 한 여인이 반야산에서 나물을 뜯고 있는데 어디선가 아기 울음소리가 들려왔어요. 이를 이상하게 여긴 여인이 울음소리가 나는 곳으로 가니 갑자기 굉음이 들리고 땅이 흔들리며 커다란 바위가 솟아났어요. "참으로 신비한 일이야. 이는 분명히 불상을 만들라는 하늘의 뜻일 거야." 이 소식을 접한 왕은 혜명 대사를 불러 석공 100명과 함께 반야산으로 보냈어요. 혜명 대사는 솟아 나온 큰 바위로 불상의 허리 아랫부분을 만들고 나머지 부분은 근처의 바위로 만들기 시작했어요. 혜명 대사는 38년이 흐른 뒤에야 비로소 관촉사에 동양 최대의 석불을 만들었어요.

그 후로 몇 년 뒤, 고려에 침입한 거란족은 크게 패하여 고국으로 돌아가려는 중 압록강을 만나 건너지 못하고 있었을 때였어요. 한 스님이 압록강을 얕은 시냇물 건너듯 사뿐히 건너는 것을 본 거란족은 지체 없이 깊은 압록강으로 뛰어들었어요. "보아라, 이 강은 깊지 않다. 어서 빨리 강을 건너자!"

하지만 압록강은 아주 깊었지요. 거란족들이 압록강에서 속수무책으로 죽어가는 걸 지켜본 거란족의 대장은 화가 나 칼을 꺼내 스님을 내리쳤어요. 그 순간, 스님은 홀연히 사라지고 스님이 썼던 갓 한쪽만 떨어져 내렸어요. 이와 동시에 멀리 떨어진 반야산 관촉사의 석불의 갓 한쪽도 떨어져 나갔지 뭐예요. 반야산의 석불이 스님으로 변해 압록강에 나타난 것이었어요. 우리나라에서 가장 큰 불상인 관촉사 미륵보살입상은 관촉사 은진미륵이라고도 불려요.

불상이라고 다 같을까? TALK

고려 시대에는 어느 시대보다 다양한 불상이 존재했다. 각 지방의 호족의 권위가 강하여 지역 마다 특색 있는 불교가 번성하였고 다양한 크기와 형태의 불상들이 만들어졌다. 이렇게 만들어진 불상은 기존의 불상과는 다른 점이 있었는데, 불상의 신체 비율이 맞지 않고 얼굴의 표정은 딱딱하고 경직되었다. 불상이 입고 있는 법의가 두꺼워 입체감이 둔화되고 상반신에 비해 하반신의 표현이 약화된 특징이 있다.

17. 낙성대와 강감찬

별이 떨어진 자리에서 태어난 위대한 장군이 있다?

948년 정종 때 일이에요. 한 사신이 어두운 밤 길을 지나고 있을 때 하늘에서 크고 아름다운 별이 어떤 집 지붕으로 떨어지는 것을 보았어요. 이를 본 사신은 신기하게 여겨 별이 떨어진 집으로 찾아갔어요. 그 집은 왕건이 고려를 세울 때 큰 공을 세운 강군진의 집이었어요. 사신이 집 문 앞에 다다르자 안쪽에서 우렁찬 사내아이의 울음소리가 들려왔어요. 별이 떨어진 순간 그 집의 아내가 건강한 아이를 낳은 것이었어요. "축하드립니다. 별을 기운을 타고난 아이입니다. 장차 큰 인물이 될 것입니다."

이 아이는 자라 고려의 명장 강감찬 장군이 되었어요. 1018년 12월에는 거란이 10만 대군을 이끌고 고려에 침입하였는데, 강감찬은 1만 2천 명의 병사를 데리고 흥화진에 가서 쇠가죽으로 강물을 막았어요. 거란군이 가까이 접근하자 강감찬은 막았던 물길을 열어 거란군을 단숨에 휩쓸어 버리고 승리하였지요. 그중 살아남은 거란족이 다시 침입하자 좁은 계곡으로 유인해 적군을 맹렬히 공격했고 또 한번 더 승리를 이끌었어요.

이 전쟁이 바로 귀주대첩으로, 백성들은 강감찬 장군의 공적을 찬양하기 위해 3층 석탑을 세웠어요. 현재의 낙성대는 강감찬의 출생지로 떨어질 낙(落), 별 성(星) 즉 '별이 떨어지다'의 뜻을 담고 있어요. 이곳에는 강감찬 장군의 정신을 기리기 위해 안국사가 세워져 있어요.

더 알아보기

우리나라 3대 대첩은 무엇일까? TALK

을지문덕 장군이 수나라의 30만 대군을 물리친 살수대첩과 이순신 장군이 임진왜란 때 일본 수군을 크게 격파한 한산대첩과 함께 우리나라 역사상 3대 대첩이라 불리는 것이 강감찬 장군이 거란을 무찌른 귀주대첩이다.

18. 청자상감운학문매병

아름다운 상감청자의 비밀은 무엇일까?

　전라도 강진의 바닷가에 예쁜 딸을 둔 늙은 도공이 있었어요. 도공은 청자를 만들며 제자들에게 도자기 만드는 법을 가르치고 있었어요. 제자들 가운데 가장 솜씨가 빼어난 사람은 치수와 설리였어요. 그중 치수는 도공의 딸을 몇 해 동안 홀로 짝사랑하고 있었어요. 몇 년째 짝사랑만 해온 치수는 용기를 내어 그녀에게 고백했지만 돌아오는 대답은 참으로 냉담했어요.
"전 설리 님과 이미 오래전부터 사랑하는 사이입니다. 죄송해요." 치수는 질투심과 원통함에 눈물을 쏟으며 자신이 만든 청자를 마구 부쉈어요. "아가씨를 아내로 삼지 못 하다니… 이제 와서 청자를 만든다 한들 무슨 소용이랴."
이튿날, 모든 사실을 알게 된 스승은 두 제자를 불러 모아 상감 기법을 완성하여 훌륭한 청자를 만든 사람을 사위로 삼겠다고 이야기했어요. 치수는 스승의 말을 듣고 다음날부터 상감청자를 만드는 일에 혼신의 힘을 쏟았어요. 밤낮으로 끼니도 거르며 상감청자를 만들던 치수는 드디어 푸른 하늘과 구름 속을 노니는 학의 모습을 새긴 아름다운 청자를 만들었어요. 이것이 지금의 국보 제68호인 '청자상감운학문매병'이에요. 그러나 안타깝게도 청자를 만드는 데 온 힘을 다 쓴 치수는 이 청자를 구워내고 가마터에서 그만 숨을 거두고 말았어요.

나도 나만의 상감청자를 만들 거야!

더 알아보기

고려청자의 기법에는 무엇이 있을까?

TALK

상감 : 무늬를 새기고 새긴 자리에 다른 색의 흙을 넣어 만듦
양각 : 무늬가 겉으로 두드러지게 나오도록 새겨서 만듦
음각 : 무늬가 안으로 들어가도록 새겨서 만듦
투각 : 필요한 부분만 남기고 나머지 부분을 파내어 만듦

나만의 상감청자를 만들어보자

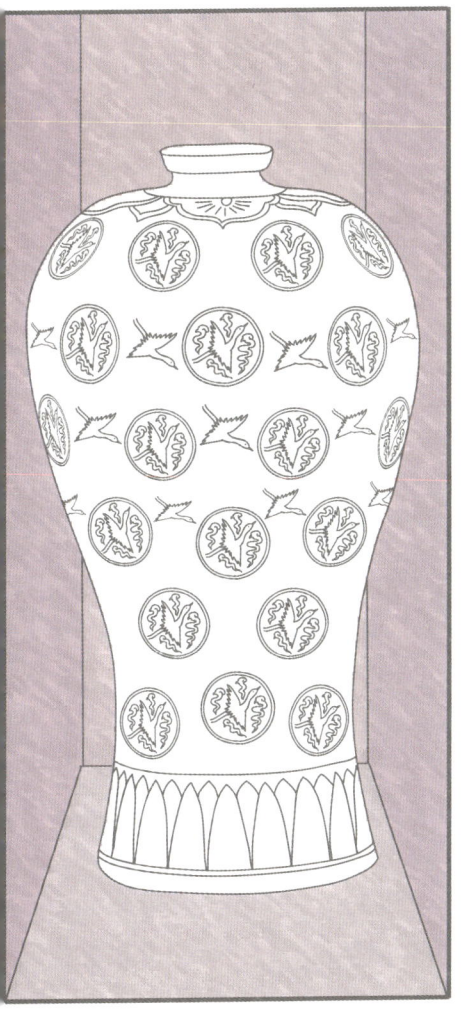
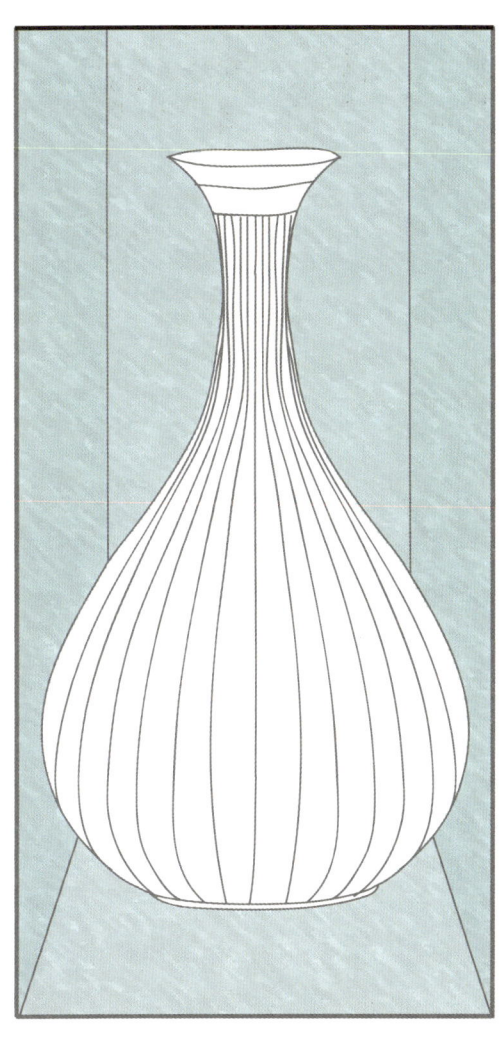

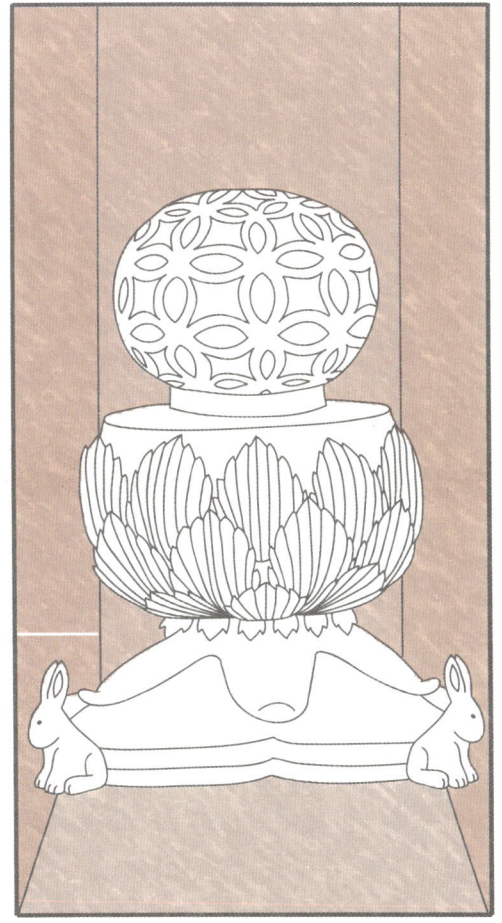
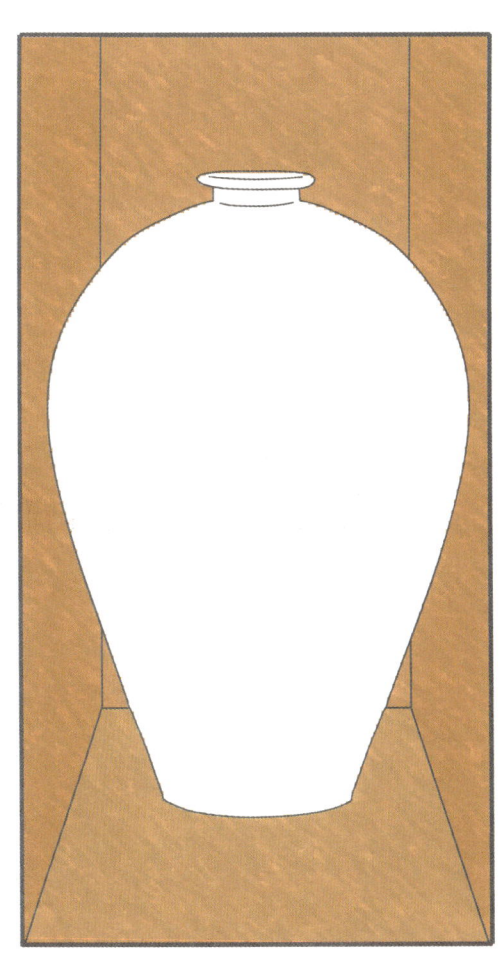

상감청자

19. 내소사의 대웅전과 고려동종

종이 자신이 갈 곳을 스스로 정할 수 있을까?

고려동종은 고려 고종 9년 1222년에 내변산에 있는 청림사 종으로 제작되었어요. 어느 날 청림사는 안타깝게도 모조리 불에 타 없어지고 말았어요. 청림사가 불탄 자리에 부안 김 씨의 재실을 짓기 위해 일꾼들이 땅을 파던 중 땅에서 이상한 것을 발견하였어요. 그것은 바로 함께 불타 없어진 줄만 알았던 고려동종이었어요.

일꾼들은 조심스럽게 고려동종을 땅속에서 꺼낸 뒤 종을 쳐 보았어요. 그런데 이상하게도 본디 아름다운 소리를 내던 고려동종을 아무리 쳐 보아도 묵직한 쇳덩이 소리만 낼 뿐 다른 소리는 나지 않았어요. 이상하게 생각한 사람들은 변산에 있는 절 이름을 하나씩 불러보며 종을 쳐 보았어요. 온갖 절의 이름을 불러보며 종을 쳐도 꿈쩍 않던 고려동종이 내소사를 부르고 쳐보자 원래의 맑고 아름다운 종소리를 우렁차게 들려주었어요.

내소사는 못을 하나도 사용하지 않고 나무만 끼워 맞춰 지은 아름다운 대웅전이 있는 절 이에요. 사람들은 종이 내소사로 가고 싶은 것이라 짐작하고, 조선 철종 4년 1853년 때 비로소 고려동종은 불타 없어진 청림사에서 내소사로 옮겨졌답니다.

내 동생도 꿈쩍도 않다가 놀이터 간다는 말에만 일어선다고!

내 갈 곳을 스스로 정하는거지~

내소사에는 어떠한 문화재가 있을까?

TALK

보물 제1268호, 내소사 영산회괘불탱은 석가모니가 영축산에서 법화경을 설법하는 장면을 그린 것이다. 이 괘불은 인물이 정밀하게 표현되어 있고, 화려한 옷과 채색으로 더욱 돋보이며 각 인물마다 명칭이 있어 불교화를 연구하는데 중요한 역할을 하고 있다.

내소사 고려동종

20. 안동 하회마을

왜 허 도령은 마지막 탈을 완성하지 못했을까?

고려 중엽, 안동 하회마을에 허 씨와 김 씨들이 모여 살고 있었어요. 그런데 언제부턴가 마을에 흉년이 들고 아픈 사람들이 많이 생기기 시작했어요. 어느 날 마을에 사는 허 도령의 꿈에 신령이 나타나 이렇게 말했어요. "신이 화가 났으니, 탈을 12개 만들어 그것을 쓰고 굿을 하면 재앙이 물러갈 것이다. 단, 탈을 만드는 모습을 누구에게도 보이면 안 될 것이다."

허 도령은 마을을 구하기 위해 이 날부턴 탈을 만들기 시작하였어요. 먼저 다른 사람들이 들어오지 못하도록 주위에 금줄을 치고 매일매일을 탈 만드는 일에 몰두했지요. 한편 허 도령을 사랑한 김 씨 처녀는 어느 날부터 허 도령이 마을에 보이지 않자 걱정이 되어 안절부절못하였어요. "허 도련님께 무슨 일이 생긴 것이 분명해. 도련님을 찾아봐야겠어."

결국 김 씨 처녀는 허 도령을 찾아 금줄을 넘어 집안으로 들어섰어요. 김 씨 처녀는 방문 앞으로 가 허 도령의 이름을 불러 보았어요. 방에는 불이 환히 켜져 있고 허 도령의 기척이 느껴졌으나 아무런 대답이 없었어요. 야속한 생각이 든 처녀는 문에 구멍을 뚫어 안을 엿보았어요. 그러던 바로 그 때, 마지막 12번째 탈을 만들고 있던 허 도령은 피를 토하며 그 자리에서 죽고 말았어요. 허 도령이 만들던 마지막 탈은 이매탈로, 턱을 만들던 중 죽은 바람에 미완성인 채로 남아있다고 해요.

우리가 이매탈의 턱을 만들어 주자~

하회탈에는 어떤 것이 있을까?

TALK

하회탈은 동물 형상을 한 주지가 2개, 각시탈, 양반탈, 선비탈, 불법을 어기며 지키지 않는 파계승이 쓰는 중탈, 선비의 하인 역을 하는 이매탈, 양반의 하인 역을 하며 까불어 대는 초랭이탈, 늙은 할머니가 쓰는 할미탈, 소를 잡는 백정이 쓰는 백정탈, 양반과 선비 사이에서 작은 마누라 역할을 하는 부네탈로 총 11개가 존재한다. 그 외 총각, 별채 등 다른 탈이 있었다고 하지만 전해지지 않는다.

21. 해인사 장경판전과 팔만대장경

나라가 큰 위험에 빠졌을 때 고종은 어떻게 했을까?

고려 고종 때, 중국에서 칭기즈칸이 몽고를 세우고 힘을 키워 영토를 넓히고 있었어요. 계속해서 영토를 넓히던 몽고는 대군을 이끌고 고려를 정복하기 위해 전쟁을 일으켰어요. 몽고의 침입으로 고려 왕실은 도읍을 강화로 옮겨 전쟁을 이어나갔어요. 계속되는 전쟁으로 군사들은 지치고 백성들의 고통은 점점 커져만 갔어요. 고종은 신하들을 모아놓고 계속되는 전쟁을 해결하기 위한 방법을 의논하였어요.

"고려를 세운 태조께서는 '모든 일을 부처님의 뜻에 따르라' 하였습니다. 몽고와의 싸움도 그리해야 할 것입니다." 이 말을 들은 고종은 부처님의 힘으로 나라를 구하기 위해 어찌하면 좋을지 생각에 잠겼어요. 부처님의 말씀을 새긴 목판인 초조대장경과 속장경이 몽고군의 습격으로 모두 다 불에 타 버린 것이 생각난 고종은 대장경을 새롭게 만들기로 하였어요. "새롭게 대장경을 만들 것이니 대장도감을 설치하고 글자를 새겨 넣을 사람들을 모아라."

이렇게 하여 몽고의 계속된 침략으로부터 나라를 지키기 위해 만들어진 팔만대장경은 16년이라는 긴 시간을 거쳐 완성되었어요. 훗날 팔만대장경은 강화도에서 해인사로 옮겨져 보관하게 되었답니다.

더 알아보기

팔만대장경과 장경판전은 어떻게 다를까?

TALK

흔히 팔만대장경과, 팔만대장경을 보관하는 장경판전을 혼동하는 경우가 있다. 둘 다 경남 합천 해인사에 위치해 있지만 팔만대장경은 고려 시대 부처님의 말씀을 목판에 옮겨 적은 것으로 세계기록유산이고, 팔만대장경판을 보관하는 건축물인 장경판전은 조선시대에 만들어진 것으로 세계문화유산에 등재되어 있다.

22. 화주 운주사의 천불천탑과 와불

왜 도선대사는 마지막 불상을 세우지 못했을까?

　당나라에서 공부를 하고 돌아온 도선대사는 하룻밤 사이 운주사에 천불천탑을 세우기로 하고 하늘에 기도를 드렸어요. "하룻밤 동안에 천불천탑을 세우고자 합니다. 부디 저에게 힘을 주소서." 그러자 하늘이 밝게 빛나더니 천여 명의 선녀가 하늘에서 내려와 불상과 불탑을 만들기 시작했어요. 그러나 도선대사가 약속한 시간은 단 하룻밤이었으니 날이 새면 선녀들은 하늘로 돌아가야만 했어요. 도선대사는 꾀를 내어 해가 뜨는 것을 막기 위해 일봉암에 해를 묶어 두었어요. 밤새 선녀들과 동자승들은 힘을 합쳐 흙과 돌로 천불천탑을 만들었어요. 새벽녘이 지나고 이제 마지막 와불만 일으켜 세우면 모든 일이 끝나는 것이었는데, 고된 일에 지친 동자승이 그만 첫닭 우는소리를 거짓으로 내고 말았어요. "꼬끼오~ 꼬끼오~ 꼬꼬."
그 순간 와불을 세우던 선녀들은 일제히 하던 일을 멈추고 모두 하늘로 돌아가 버렸어요. 결국 와불은 세우지 못하고 지금도 그 자리에 누워있다고 해요.

더 알아보기

운주사에 숨겨진 또 다른 비밀은 무엇일까?

TALK

언제, 누가 창건했는지 정확하게 알 수 없는 운주사는, 골짜기를 따라 줄지어 늘어선 천불천탑이 어떻게 만들어졌는지 아무도 모르기 때문에 더욱 신비스럽다. 다만 도선대사가 하루 동안 만들었다는 전설만이 남아있을 뿐이다. 운주사는 천불천탑과 와불 외에도 9층 석탑과 석조불감 등 많은 보물을 지니고 있는 곳이다.

운주사 천불천탑과 와불

23. 강화 전등사

왜 정화궁주는 승려가 되었을까?

고려 충렬왕 때 일이에요. 30여 년에 걸친 몽골과의 긴 전쟁에서 패한 고려는 몽골에게 심한 간섭을 받아야만 했어요. 몽골은 고려의 왕에게 "앞으로 고려의 왕은 반드시 몽골인과 결혼을 해야 할 것이다." 라고 말했어요. 그 이유는 바로 고려의 내정에 몽골인을 두어 끊임없이 고려를 간섭하고자 했던 몽골의 노림수였지요. 몽골에게 패한 고려는 어쩔 수 없이 그 말을 따라야만 했어요.

충렬왕은 고려의 여자가 아무리 뛰어난 지혜와 미모를 가지고 있다 한들 정식 왕비로 맞이할 수 없었고, 좋아하지도 않은 오랑캐의 여자를 왕비로 맞아야만 했어요. 고려의 정화궁주는 왕의 아내가 될 수 없으면 차라리 속세를 떠나리라 마음먹고 승려가 되기 위해 강화도의 진종사로 떠났어요.

진종사로 간 정화궁주는 속세의 미련을 떨치고 불법을 열심히 배우리라 다짐했어요. "스님, 부처님 앞에 불을 밝히는 등잔을 놓아 불법에 정진하겠습니다. 이것은 제가 아끼던 등잔입니다. 부디 이것을 받아주세요." 정화궁주는 옥으로 만든 등잔 하나를 진종사에 시주하였어요. 이때부터 이를 기념하기 위해 진종사는 '전등사'로 불렸다고 해요.

원하는 사람과 결혼도 할 수 없었다니!

더 알아보기

몽골 공주를 아내로 맞은 왕은 몇 명일까?

TALK

고려 25대 왕 충렬왕부터 31대 임금 공민왕까지, 고려는 약 100년 동안 몽골 공주를 왕비로 맞이하였다. 이 기간 동안 총 다섯 명의 고려 왕이 7명의 공주와 8명의 몽골 여인과 혼인하였다. 그리고 마누라, 수라, 마마와 같은 몽골어가 궁중에서 사용되었다.

24. 선죽교와 정몽주

옛날 선조들은 돌려 말하고 싶을 때 어떻게 했을까?

고려 말, 우리나라 집권 세력들은 성리학을 공부하며 명나라와 친하게 지내는 사람들로 바뀌고 있었어요. 정몽주, 이성계 그리고 정도전이 그 대표적인 인물들이에요. 정몽주는 고려를 이어나가며 나라를 조금씩 바꾸길 원했으나 이성계와 정도전은 새로운 나라를 세우고자 했지요. 하루는 이성계가 말에서 떨어져 다쳤는데, 정몽주가 문병을 갔어요. 그 자리에는 이성계의 아들 방원이 있었는데 그들은 차를 나눠 마시며 여러 이야기를 나누었어요. 이방원은 정몽주에게 시조 한 수를 읊었어요.

"이런들 어떠하리 저런들 어떠하리, 만수산 드렁칡이 얽혀진들 어떠하리, 우리도 이같이 얽혀 백 년까지 누리리라." 이 시조에는 망해가는 고려에 얽매이지 말고 새로운 나라를 건국하자는 방원의 숨은 뜻이 있었어요. 정몽주는 방원의 시조를 듣고 껄껄 웃으며 답해주었어요.

"이 몸이 죽고 죽어 일백 번 고쳐 죽어, 백골이 진토 되어 넋이라고 있고 없고, 님 향한 일편단심이야 가실 줄이 있으랴." 시조를 들은 이방원은 정몽주의 굳은 마음을 돌리기 어렵다 판단하고 부하를 시켜 없애라 명령했어요. 정몽주가 선지교를 건너려는 찰나 이방원의 부하가 철퇴를 들고 나타나 정몽주를 내리쳐 죽였어요. 그날 밤 선지교 다리 옆에서 대나무가 돋아났어요. 그 후로 이 다리는 선죽교라 불렸고, 선죽교 다리 위에는 충신 정몽주의 핏자국이 아직 남아있다고 해요.

빨리 통일이 되어서 보고싶다!!

더 알아보기 — 선죽교에 갈 수 있을까?

TALK

고려 태조가 개성의 시가지를 정비할 때 만들어진 선죽교는 정몽주가 훗날 조선 태종이 된 이방원에게 피살된 곳이다. 다리 옆에는 정몽주의 생애와 업적을 기록한 비석 두 개가 놓여 있다. 안타깝지만 지금 우리는 선죽교에 갈 수가 없는데 그 이유는 북한 개성직할시 개성시 선죽동에 있기 때문이다.

정몽주의 마음을 돌리는 시를 써보자

선죽교와 정몽주

꽃유생과 역사 TALK

정답 p93

1. 다음 중 우리나라 3대 대첩이 아닌 것은?
① 살수대첩 ② 한산대첩 ③ 명량대첩 ④ 귀주대첩

2. 다음 설명에 해당하는 것에 줄을 그어보자

2.
상감 •　　• 무늬가 안으로 들어가도록 새겨 만듦
양각 •　　• 무늬를 새기고 난 뒤 그 자리에 다른 색의 흙을 넣어 만듦
음각 •　　• 필요한 부분만 남기고 나머지 부분을 파내어 만듦
투각 •　　• 무늬가 겉으로 두드러지게 나오도록 새겨 만듦

3. 빈칸에 알맞은 답을 넣어보자

3.
	1)	2)
위　　치	합천 해인사	합천 해인사
목　　적	부처님의 말씀을 목판에 옮겨 적음	판을 보관하는 건축물
문화유산	세계기록유산	세계문화유산

4. 충렬왕이 몽골인을 아내로 맞이할 수밖에 없었던 이유는 무엇일까?

4.

5. 하회탈의 종류를 3개 이상 써보자

5.

제4장 조선

- 25. 서울 숭례문
- 26. 삼강행실도
- 27. 훈민정음과 세종대왕
- 28. 법주사와 정이품송
- 29. 거북선과 이순신
- 30. 고양 행주산성
- 31. 진주성 촉석루와 논개바위
- 32. 남원 광한루와 오작교
- 33. 남한산성
- 34. 대장간과 길쌈
- 35. 연소답청과 단오풍정
- 36. 화성 행차도
- 37. 수원 화성

25. 서울 숭례문

관악산의 화기가 서울에 큰불이 나게 한다?

서울은 큰 물줄기인 한강과 높고 낮은 산들이 사방에 있어 풍수지리적으로 아주 좋기 때문에 조선시대부터 지금까지 수도 역할을 하고 있어요. 그러나 이러한 서울도 부족한 점이 있는데, 북악산에서 인왕산으로 이어지는 부분이 낮아 겨울에 차가운 북서풍을 막지 못한다는 것이에요. 더욱 심각한 것은 겨울철이 되면 도성에 불이 자주 났는데, 막지 못한 차가운 바람이 불을 크게 키웠어요.

"전하, 도성에 불이 자주 일어나는 것은 분명 관악산 때문이옵니다. 남쪽에 있는 관악산은 풍수지리적으로 보았을 때 불(火)을 상징하온데 이 화기를 눌러야만 더 이상 도성에 불이 나지 않을 것입니다." 태조는 관악산이 불기운을 막기 위해 어찌하면 좋을지 궁리한 끝에 관악산이 위치한 남쪽에 숭례문을 짓기로 했어요.

숭례문의 '례(禮)'는 예절을 뜻하는데, 나무 목(木), 불 화(火), 흙 토(土), 쇠 금(金), 물 수(水)를 뜻하는 오행 중에서 불의 기운을 상징한다고 해요. 즉 태조는 남쪽 관악산 앞에 숭례문을 둠으로써 불을 불로 막아보고자 하였던 거지요. 또한 숭례문의 현판을 가로가 아닌 세로로 쓰게 하여 관악산의 화기를 더욱 누르고자 했고, 숭례문 밖에 '남지'라는 연못을 만들어 불을 다스리고자 했어요.

> 지금은 복구되었지만 숭례문은 방화 사건으로 훼손된 적이 있었지..

> 우리 문화재를 소중히 여겨야 해!

더 알아보기

왜 숭례문의 현판을 세로로 놓았을까?

TALK

풍수지리적으로 부족한 부분을 보완하기 위해 인위적으로 고치는 것을 <u>비보풍수</u>라 한다. 산이 있어야 할 자리에 산이 없으면 흙을 쌓아 높은 언덕을 만들거나 숭례문처럼 관악산의 화기를 눌러줄 건물을 짓는 것이다. 비보풍수는 사람들이 풍수지리적으로 좋지 않더라도 자연과 조화를 이루며 살아갈 수 있다는 것을 보여준다.

숭례문 현판

26. 삼강행실도

그림책으로 나라의 풍속을 바로잡을 수 있을까?

조선 세종 10년 때의 일이에요. 진주에서 김화라는 사람이 아버지를 죽이는 엄청난 죄를 저질렀어요. 효(孝)가 중요시되던 조선시대에선 감히 상상도 할 수 없는 일이 생긴 것이지요. 진주에서 일어난 이 큰 사건은 결국 사람들의 입을 타고 임금의 귀에까지 들어갔어요. "큰일이로다. 제 아비를 죽이는 자가 나타나다니. 이것은 내가 덕이 없기 때문이다. 이를 어찌하면 좋단 말인가." 이 소식을 들은 세종은 크게 탄식하며 여러 대신을 불렀어요. "앞으로 이런 끔찍한 일이 또 발생할까 두렵구나. 대신들은 이 사건에 대한 대책을 마련하라."
세종의 말에 대신들은 머리를 맞대고 고민에 고민을 거듭했어요. 여러 가지 의견이 나왔으나 시간이 조금 걸리더라도 풍속을 돈독히 하여 백성들을 가르쳐야 한다고 결론이 맺어졌어요. 이렇게 해서 세종과 대신은 4년에 걸쳐 중국과 우리나라의 충신, 효자, 열녀 일화를 바탕으로 한 이야기책인 '삼강행실도'를 만들었어요.

삼강행실도 중 하나인 최백루의 이야기를 들려줄게요. 고려시대 최백루라는 효자가 살았는데, 평소 사냥을 좋아하던 그의 아버지 최상저는 사냥을 나갔다가 그만 호랑이에게 잡혀 죽고 말았어요. 이 소식을 듣고 놀란 최백루는 그 길로 산으로가 호랑이를 잡아 죽이고, 3년간 아버지의 무덤 옆을 지키며 못다 한 효도를 했어요. 어느 날 잠든 최백루의 꿈에 아버지의 혼령이 나타나 눈물을 흘리며 "내가 살았을 적에도 효를 다하더니, 죽은 뒤에도 날 지켜주며 효를 그치지 않는구나." 라고 말했어요. 이 말을 마치고는 아버지 혼령은 최백루를 떠났다고 해요.

더 알아보기

삼강은 무엇을 뜻하는 것일까?

TALK

삼강(三綱)이란 임금과 신하, 어버이와 자식, 남편과 아내 사이에 마땅히 지켜야 할 덕목으로 삼강행실도에는 삼강의 모범이 되는 행동을 한 충신, 효자, 열녀 각 110명씩의 실화를 찾아내 총 330여 개의 이야기가 글과 그림으로 담겨있다. 백성들은 삼강행실도를 읽으며 자신이 지켜야 할 도리에 대해 공부하고 익힐 수 있었다. 특히 삼강행실도 언해본(한글로 번역한)발간은 한문을 잘 모르는 서문들을 위해 만들어진 우리나라 최초의 관찬교화서라는 의의를 지닌다.

삼강행실도 중 죄백루 이야기

27. 훈민정음과 세종대왕

한글은 무슨 이유로 만들어졌을까?

한글이 없던 시절 우리 조상들은 중국의 한자를 빌려 사용했어요. 그러나 한자는 복잡하고 어려워 일반 백성은 알지 못하였고, 선비들조차 한자를 배우는 데 수십 년이 걸렸다고 해요. 더욱이 필요한 글자가 있으면 새롭게 만들어야 하는 한자는 배움의 끝이 없었지요. 이를 딱하게 여긴 세종대왕은 모두가 쉽게 쓰고 배울 수 있는 우리글을 만들기로 했어요.

"우리나라의 말이 중국과 서로 달라 문자로 잘 통하지 못하므로, 글을 모르는 백성들이 말하고 싶은 바가 있어도 제 뜻을 잘 펴지 못하는 사람이 많다. 내가 이것을 딱하게 여겨 새로 스물여덟 글자를 만드니, 사람들이 쉽게 익혀 날로 쓰는데 편하게 하고자 할 따름이다." 훈민정음은 '백성을 가르치는 바른 소리'라는 뜻으로 세종 25년인 1443년에 완성되었어요.

한글은 세계에서 가장 발달한 음소문자로 만든 사람과 목적, 시대, 반포일, 창제 목표가 명확한 몇 안 되는 글자 중 하나예요. 한글은 독창적이며 자주적인 문자로, 그 우수성과 과학성을 인정받아 1997년 유네스코는 훈민정음을 세계기록유산에 등록했어요. 또한 유네스코에서는 세종대왕의 위대한 업적을 기리기 위해 한글날인 매년 10월 9일, 문맹 퇴치에 기여한 사람에게 '세종대왕 상'을 수여하고 있어요.

> 한글은 그 어떤 언어문자보다 배우기 쉽고 읽기 쉽다구!

> 한국인이라는 것이 자랑스럽군요!

처음으로 한글을 띄어 쓴 사람은 누구일까?

TALK

처음으로 띄어쓰기를 한 사람은 놀랍게도 외국인이다. 처음 띄어쓰기를 한 문헌으로 밝혀진 'Corean primer'의 저자 존 로스(John Ross)는 영국인 목사로 중국에서 선교사로 활동하던 중 1876년 이응찬을 만나 한국어를 배웠다. 그가 처음으로 띄어쓰기를 한 이유는 알파벳 표기법에 영향을 받은 것으로 추측한다. 우리나라 사람이 최초로 띄어쓰기를 한 문헌으로는 1882년 박영효의 '사화기략(使和記略)'이라고 알려져 있다.

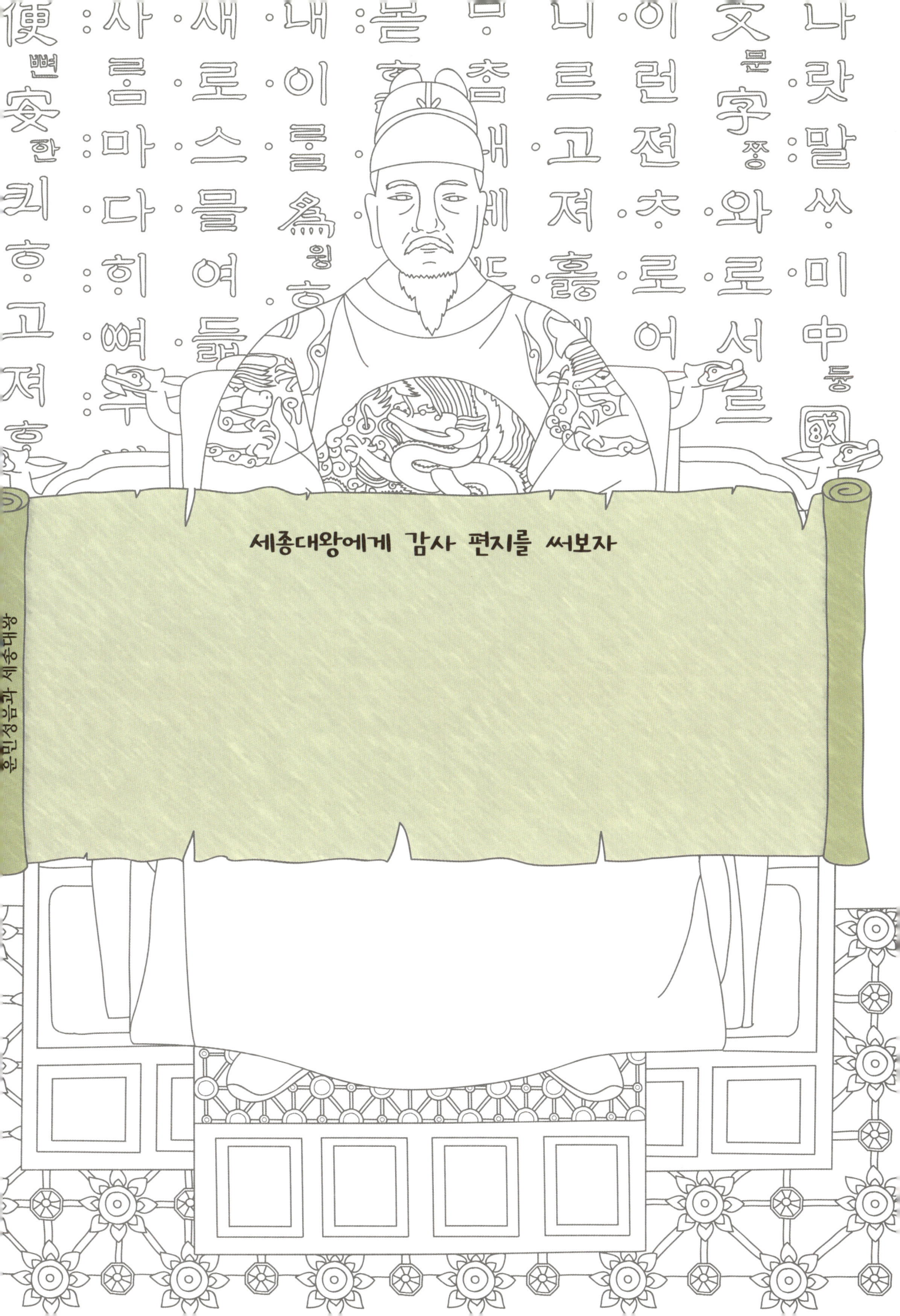
세종대왕에게 감사 편지를 써보자

28. 법주사와 정이품송

소나무도 벼슬을 얻을 수 있을까?

　세조 10년 때 왕의 몸에 종기 하나가 나서 곪기 시작하더니 곧 온몸에 퍼져나가며 날이 갈수록 심해졌어요. 세조는 의원들을 통해 온갖 좋다는 약과 치료법을 다 써보았으나 종기는 사라지지 않았어요. 결국 자신의 병은 평범한 약으로 치료가 어렵다는 것을 깨달은 세조는 부처님의 힘을 빌리기 위해 법주사로 향했어요.

　법주사로 향하던 길목에는 아주 커다란 소나무 하나가 있었어요. 아래로 떨어진 나뭇가지가 가마에 걸려 세조는 더 이상 앞으로 나아갈 수 없었어요. "나뭇가지가 가마에 걸렸구나." 라고 세조가 말을 하자 신기한 일이 일어났어요! 소나무가 축 늘어진 가지를 하늘로 들어 올리더니 왕이 무사히 지나갈 수 있도록 도와주었어요.

　또 한날은 세조가 계곡에서 목욕을 마치고 돌아가던 중 갑작스럽게 소나기를 만났어요. 그때도 신비한 소나무가 비를 피할 수 있도록 세조를 도와주었어요. "참으로 고마운 소나무로다. 내 이 소나무에게 정이품을 하사하겠노라." 세조는 나무의 충성심을 기리기 위해 정이품이라는 큰 벼슬을 내렸어요. 소나무 덕분인지 세조는 법주사에서 약수로 목욕을 하며 병을 낫기 위해 노력한 결과, 온몸에 나 있던 흉측한 종기도 말끔히 치료가 되었다고 해요.

'정이품'은 지금의 장관급에 해당하는 벼슬이야

더 알아보기 — 정이품은 어떤 계급일까?

TALK

조선시대 18개의 계급 중 제3위의 품계이다. 정이품에 해당하는 관직으로는 지금의 서울특별시장에 해당하는 한성부의 수장인 판윤, 이·호·예·병·형·공 6조의 장관인 판서, 나라의 학문을 관장하는 홍문관의 장관인 대제학 등이 있었다.

법주사 정이품 소나무

29. 거북선과 이순신

거북선이 처음 등장한 전쟁은 무엇일까?

　1592년부터 6년 동안 두 번에 걸친 왜군의 침략으로 조선은 긴 전쟁을 하였어요. 이 전쟁이 바로 임진왜란이에요. 임진왜란 때 왜군은 배로 바다를 건너와 조선을 침략하였는데, 이때 큰 공을 세운 사람이 바로 바다의 장군 충무공 이순신이에요.

이순신 장군은 여수를 중심으로 배를 만들고 군사들을 훈련시켰어요. 이때 만들어진 배가 거북선인데, 거북선은 등 위에 뾰족뾰족한 창과 칼을 꽂아 왜군이 뛰어오르지 못하게 했고, 배의 양쪽에는 각각 6개의 포를 내어 공격할 수 있도록 만들었어요. 겉으로 보기엔 무겁고 둔해 보이지만 사실은 무척 빨라 공격하기 쉽게 만들었지요.

이듬해, 거북선이 완성되고 훈련을 거듭하고 있을 때 이순신에게 급한 전갈이 왔어요. "장군, 지금 거제 앞바다에 왜선 70여 척이 숨어있다 하옵니다." 이순신이 거북선을 앞세워 거제로 내려가니 수많은 왜선들이 바닷길을 막고 있었어요. 조선군에 비해 너무 많은 왜선을 보자 이순신은 꾀를 내었고, 얕고 물살이 빠른 한산섬 앞바다로 왜선을 유인하였어요. 숨어있던 조선의 배들은 학의 날개 모양을 본뜬 진(학익진)을 만들어 왜선을 둘러싸 공격했고, 이순신은 이 전쟁에서 크게 승리하였어요. 이것이 유명한 '한산대첩'이랍니다.

거북선은 다른 나라에는 없는 막강한 병기였다구

임진왜란의 3대 대첩은 무엇일까?

TALK

임진왜란의 3대 대첩은 조선 임진왜란 당시 왜적을 크게 무찌른 3대 싸움을 말한다. 이순신 장군이 한산도 앞바다에서 왜선을 전멸시킨 <u>한산도대첩</u>과 권율이 행주산성에서 왜적을 크게 쳐부순 <u>행주대첩</u>, 목사 김시민과 의병 곽재우가 함께 왜군을 물리친 <u>진주대첩</u>이 있다.

30. 고양 행주산성

조선시대, 여자도 전쟁에 참여할 수 있었을까?

　선조 26년, 임진왜란이 일어난 지 1년이 되었을 때 일이에요. 갑작스러운 왜군의 침략에 조선은 속수무책으로 당할 수밖에 없었어요. 왜군은 순식간에 수도인 한양을 빼앗고 평양까지 돌진하였어요. 1년이 지난 후 드디어 질서를 찾은 조선군은 명나라군의 도움으로 왜군을 공격하기 시작했어요. 조선군과 명나라군은 평양을 되찾고 남쪽으로 총 공격을 시작했어요. 하지만 서울 근처 벽제관에서 왜군에게 크게 패하고 말았답니다. 이 소식을 들은 권율 장군은 행주산성으로 가 밀려드는 왜군을 무찌르기 위해 1만 명도 채 안 되는 군사를 이끌고 진을 쳤어요.

1593년 2월, 3만여 명의 왜군들이 행주산성을 향해 몰려들었어요. 권율 장군의 명령이 떨어지자 하늘에서 불화살이 비 오듯 쏟아졌고 왜군들은 여기저기서 죽어나갔어요. 그러나 왜군들의 조총 공격에 성안에서도 수많은 사상자가 발생하고 말았답니다.

"장군 큰일났습니다. 화살이 다 떨어졌습니다." 왜군에게 쏠 화살이 없다는 소식을 들은 권율 장군은 어찌할 바를 몰랐어요. 그때 여인네들이 치맛자락에 돌멩이를 모아오더니 권율 장군에게 말했어요. "장군님, 이것이라도 쓸모가 있다면 열심히 나르겠습니다." 여인네들은 긴 치마를 짧게 잘라 열심히 돌멩이를 날랐어요. 덕분에 왜군은 뜻을 이루지 못하고 결국 패하여 달아났답니다.

나라가 위험에 처하면 나도 열심히 돕겠어!

더 알아보기: 행주산성과 행주치마는 관계가 있을까?

TALK

행주치마는 여자들이 일할 때 입고 있는 치마를 더럽히지 않기 위해 그 위에 덧입는 작은 치마로 지금의 앞치마와 용도가 비슷하다. 행주대첩 때 성 안의 부녀자들이 치마에 돌을 날라 전쟁을 승리로 이끌어, 이 공적을 기리는 뜻에서 치마의 명칭 '행주'라는 지명을 따 행주치마로 일컫게 되었다고 한다.

행주대첩에서 돌멩이를 나르는 여인들

돌멩이를 그려보자

31. 진주성 촉석루와 논개바위

논개가 껴안고 뛰어내린 왜장은 누구일까?

    1593년 임진왜란으로 나라가 혼란에 빠져있을 때, 요마사 게야무라가 이끈 왜군 5만명이 진주성을 공격했어요. 그러나 성안에는 고작 수천에 지나지 않은 병사만 있을 뿐이었지요. 진주성의 병사들은 죽음을 각오하고 몰려오는 왜군에 용감히 맞서 싸웠지만 결국에는 패하고 말았답니다. 며칠이 지난 후, 진주성과 푸른 남강이 한눈에 내려다 보이는 촉석루에서 왜군들은 승리를 자축하기 위해 성대한 잔치를 벌였어요. 이 잔치에 진주의 모든 기생들이 불려나갔는데, 그중에는 논개도 있었어요. 논개는 곱게 단장한 뒤 요마사 게야무라에게 다가가 함께 춤을 추자고 유혹하였어요. 게야무라는 아름다운 논개를 보자 넋을 잃고 그녀가 이끄는 대로 따라갔답니다.

논개는 사뿐사뿐 춤을 추며 남강 위에 우뚝 솟아있는 의암이란 바위 위로 뛰어올랐어요. 게야무라도 논개를 따라 올라섰답니다.

"네 이놈! 죄 없는 진주 사람들을 무참히 죽이고도 네가 무사할 줄 알았느냐!" 별안간 논개는 게야무라를 와락 껴안고는 새파란 남강으로 뛰어내렸어요. 깜짝 놀란 게야무라는 논개의 품에서 빠져나오려 했지만 그를 휘감은 논개의 두 손은 꿈쩍도 하지 않았어요. 논개는 열 손가락 마디마디에 반지를 끼고 단단히 깍지를 껴, 두 손이 풀릴 수 없게 하였기 때문이랍니다.

논개의 용기가 정말 대단해!

더 알아보기

임진왜란을 왜 도자기 전쟁이라고 부를까?

TALK

임진왜란 때 수많은 도자기뿐만 아니라 도자기를 만드는 도공들도 함께 일본에 끌려갔다. 발달된 도자기 문화를 가지고 있던 우리 조상들은 일본에 납치되어 어쩔 수 없이 도자기 만드는 기술을 일본에 전수해 주었는데, 그 후로부터 일본 도자기 문화가 급속도로 성장할 수 있게 되었다.

32. 남원 광한루와 오작교

왜 견우와 직녀는 1년에 딱 한 번밖에 못 만날까?

하늘나라에 베를 가장 잘 짜는 직녀와 농사일을 잘 하는 견우가 있었어요. 사랑에 빠진 둘은 결혼을 하게 되었는데 옥황상제도 하늘나라의 경사라 하며 크게 기뻐하였답니다. 그런데 결혼을 한 견우와 직녀는 일을 제대로 하지 않고 서로 어울려 놀기 바빴어요. 직녀는 더 이상 베를 짜지 않았고, 견우의 밭에 농작물도 하나씩 죽어가기 시작했어요. 이를 본 옥황상제는 크게 화를 내며 견우와 직녀에게 벌을 내렸어요.

"견우는 동쪽, 직녀는 서쪽에서 살도록 해라. 둘은 일 년에 딱 한 번 칠석이 되어야지만 은하수를 사이에 두고 얼굴만 볼 수 있을 것이니라." 가슴 아픈 이별을 겪은 둘은 서로의 지난 행동을 반성하며 열심히 일했어요. 마침내 7월 7일이 되던 날, 견우와 직녀는 서로 보고 싶은 마음에 한달음에 달려 나왔지만 은하수를 사이에 두고 먼 발치에서 바라만 볼 수밖에 없었어요.

그 다음 해에도 견우와 직녀는 은하수를 사이에 두고 서로를 하염없이 바라보며 눈물만 흘렸어요. 그 눈물이 어찌나 많은지 그들의 눈물은 큰 비가 되어 온 세상에 내렸는데, 그래서 매년 7월 7일에는 쉴 새 없는 비가 내렸답니다. 이를 안타깝게 여긴 까마귀와 까치가 견우와 직녀를 위해 은하수를 건널 수 있는 오작교를 만들어 주었고 마침내 견우와 직녀는 만날 수 있게 되었답니다.

더 알아보기: 견우와 직녀가 밤하늘의 별자리가 되었다?

TALK

밤 하늘을 가로지르는 별들의 강 은하수 동쪽에는 견우별, 서쪽에 직녀별이 있다. 이 별들은 음력 7월 7일에 견우와 직녀처럼 가까워진다. 견우별은 서양의 염소자리에 속하는 별이고, 직녀별은 서양에서는 거문고자리 베가성이다.

33. 남한산성

임금은 왜 무릎을 꿇어야만 했을까?

역사적으로 우리나라는 조선 초기 때부터 명나라와 친하게 지냈어요. 그러나 임진왜란 이후 세력이 커진 여진족은 후금을 세우고 중국에서 점점 힘을 키우게 되었어요. 하지만 조선은 여전히 명나라를 황제의 나라로 섬기며 후금을 오랑캐로 취급했답니다. 후금의 힘은 점점 커졌고 국호를 청나라로 바꾸었어요.

"이제부터 조선은 신하의 나라다. 청나라의 신하로서 예를 갖추라." 그러나 홍타이지가 청나라 황제로 즉위하는 그날까지 조선의 태도는 변하지 않았답니다. 결국 조선은 청나라의 분노를 사게 되고 말았어요.

1636년 12월, 12만 8천여 청나라 대군이 압록강을 건너왔어요. 조선을 향해 질풍처럼 내려온 청나라는 불과 5일만에 도성을 점령했어요. 가까스로 인조는 남한산성으로 피했으나 청나라 군사들에 의해 완전히 고립되고 말았어요. 병자호란의 비극이 시작된 것이에요. 전쟁이 길어지면서 성 안에는 모든 것들이 부족해져갔어요. 매서운 추위로 인해 군사들의 사기가 꺾이고 제대로 한 번 싸워보지 못한 채 얼어 죽었답니다. 남한산성을 지원하기 위해 내려오던 군대는 연이어 전쟁에서 졌고, 조정에서는 화친을 원하는 목소리가 높아졌어요.

1637년 1월 직접 조선으로 들어온 청나라 황제 홍타이지는 인조에게 남한산성 밖으로 나와 직접 항복하라 말했어요. 결국 인조는 남한산성에서 나와 홍타이지 앞에 무릎을 꿇는 굴욕적인 항복을 하고 말았답니다.

더 알아보기 - 인조를 무릎 꿇게 한 전쟁은 무엇일까?

TALK

정묘호란은 조선과 후금 사이의 전쟁으로 후금이 명나라를 치기 전, 후금의 배후를 위협하고 있는 조선을 고립시킬 필요를 느껴 일으켰다. 약 2개월간 지속된 정묘호란에서 조선은 끝내 패하여 후금과 형제 관계를 맺게 된다. 그러나 얼마 후 후금은 병자호란을 일으켜 조선은 다시금 전쟁을 겪는다. 임진왜란 → 정묘호란 → 병자호란 순이다.

34. 대장간과 길쌈

조선시대 사람들은 어떤 옷을 입고 어떤 생활을 했을까?

김홍도는 어려서부터 그림 그리기를 잘 하였어요. 그가 타고난 재능도 대단하였지만 강세황이라는 훌륭한 스승이 이웃에 살았답니다. 김홍도는 어릴 때부터 강세황의 집을 드나들며 그림을 공부하였어요. "자고로 그림을 그리는 사람은 그려진 것을 보고 배우고 익혀 그림을 배우는데, 김홍도는 스스로 알아내니, 천부적인 재능이 있구나." 스승 강세황은 김홍도의 재능을 몹시 아꼈어요.

김홍도는 스승의 도움으로 스무 살 무렵 이른 나이에 도화서에 들어가게 되었어요. 도화서는 조선시대 그림 그리는 일을 담당했던 관청이에요. 김홍도는 도화서 화원이 되고 얼마 지나지 않아 영조의 즉위 40년을 기념하는 병풍 그림을 도맡아 그리며 그림 솜씨를 뽐냈답니다. 정조는 "그림에 관한 일이라면 모두 김홍도에게 논하거라." 라고 할 만큼 김홍도를 믿었어요.

이 무렵 김홍도는 풍속화를 그리며, 주로 일반 백성들의 삶을 생동감 있게 묘사했어요. 김홍도는 배경을 과감하게 지우고 주제만 두드러지게 그렸는데, 그림 속에 있는 인물들은 저마다 표정과 행동이 있어 마치 살아 있는 듯했답니다. 우리는 김홍도의 풍속화 덕분에 과거 조상들이 무슨 옷을 입고 어떤 생활을 했는지 상상할 수 있어요!

더 알아보기

김홍도와 더불어 우리나라 3대 풍속화가는 누구일까?

TALK

우리나라 3대 풍속화가는 김홍도와 더불어 신윤복과 김득신으로 지칭된다. 김홍도의 화원 후배인 신윤복은 양반층의 풍류와 남녀 간의 연애 등을 해학으로 펼쳐 보이며 산뜻하고 또렷한 색채를 사용하여 풍속화 영역을 보다 다채롭게 표현하였다. 김득신은 김홍도의 화풍을 계승하여 산수 배경에 해학적 분위기와 정서를 더하였다. 김득신은 우리에게 고양이를 쫓는 <파적도>로 알려져 있다.

35. 연소답청과 단오풍정

옛날 그림들은 모두 흑백일까?

신윤복은 조선시대 뛰어난 그림 솜씨를 가진 김홍도와 쌍벽을 이루던 풍속 화가에요. 신윤복은 도화서의 유명한 화원이었던 신한평의 아들로 그 역시 도화서 화원으로 지냈답니다. 농촌의 일상을 주로 그렸던 김홍도와 달리 신윤복은 양반을 풍자하고 여성들의 생활을 주로 그렸어요.

신윤복이 살았던 시절에는 조선의 신분 질서가 흔들리고 상공업의 발달로 소비와 유흥이 늘어났어요. 신윤복은 특히 이전 사대부 그림에선 절대 찾아볼 수 없었던 기생이나 노비같이 천대받는 여성들을 대담하게 표현했고 아름다운 채색까지 즐겨 사용하였어요. 신윤복은 배경을 과감히 생략한 김홍도와는 반대로 사실적인 배경 묘사를 하였으며, 등장인물의 신분이나 나이에 맞는 옷차림을 섬세하게 표현하였어요. 그의 주요 작품으로는 〈미인도〉, 〈단오풍정〉, 〈연소답청〉 등이 있어요. 참신하고 화려했던 색채와 섬세한 그림 채를 지닌 신윤복은 인물화나 풍경화뿐만 아니라 산수화와 영모화에도 뛰어난 재주를 지니고 있었다고 해요. 그러나 신윤복은 자신의 재주로 벼슬을 탐하지 않고, 당시 양반 사회를 날카롭게 풍자하며 자신의 정신을 고스란히 그림 속에 녹였어요.

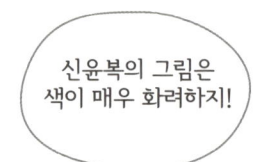

신윤복의 그림은 색이 매우 화려하지!

신윤복은 물감이 없던 시절 어떻게 색을 표현했을까?

TALK

신윤복의 그림은 화려한 색채가 눈길을 끈다. 그러나 물감이 없었던 조선시대, 신윤복은 어떻게 색을 표현했을까? 정답은 바로 천연 채색안료이다. 예로부터 옷을 염색할 때도 사용한 염료를 사용하여 채색하였는데, 빨간색은 '주사'라는 광물을 빻은 것이고, 노란색은 해등나무 수액이 굳어 만들어진 '등황(藤黃)'이라는 안료를 사용해 표현하였다. 푸른색은 '쪽'이라는 식물성 안료를 사용한 것이다.

신윤복의 〈연소답청〉, 〈단오풍정〉

36. 화성 행차도

화성행차에 동원된 사람은 총 몇 명일까?

조선 22대 왕 정조는 위대한 임금으로 칭송받는 인물이었어요. 그러나 어린 나이에 아버지가 할아버지 영조에 의해 죽임을 당하는 비극을 겪었답니다. 정조는 1789년, 억울하게 죽은 아버지 사도세자의 묘소를 화산으로 옮긴 후 매해 1월 혹은 2월에 아버지의 묘에 가기 위해 화성을 방문하였어요.

6000여 명이 함께 행차했다니 대단해!

"어머니 회갑잔치는 도성이 아닌 화성에서 열겠다." 1795년 정조는 어머니 혜경궁 홍 씨의 회갑 잔치를 열기 위해 8일간의 화성으로 향하는 행차를 했어요. 정조는 이 행차에 6000여 명의 사람들과 말 788마리를 데리고 갔어요. 현란한 깃발을 세우고 화려한 연주와 함께 62Km 길을 행차했답니다. 이전 국왕들은 행차에 백성들이 가까이 오지 못하게 하였으나, 정조는 전국의 백성들에게 행차를 관람하도록 권하였다고 해요.

이날 정조의 화성 행차는 대규모 군사작전을 방불케 했어요. 행렬에 동원된 군사는 3000여 명에 달했고, 이 군사들은 정조가 직접 만든 친위대였는데, 정조는 이 행차를 통해 자신의 힘과 국력을 보여주고자 했던 것이에요. 또한 행차 중에는 신하들과 함께 3천 건이 넘는 민원을 처리했다고 해요. 정조는 화성 행차를 통해 민심을 살폈으며, 이를 지켜본 백성들은 정조에 대한 존경심을 가지게 되었답니다.

더 알아보기

영조는 왜 사도세자를 죽였을까?

TALK

사도세자는 영조의 나이가 마흔이 넘어서 본 아들이다. 오랫동안 왕실의 대를 이을 아들을 기다리고 있었기 때문에, 사도세자는 태어날 적부터 지극한 사랑과 관심을 받았다. 태어나자마자 원자의 칭호를 얻고, 생후 14개월 만에 세자로 책봉되었지만 지나친 기대에 지친 사도세자는 학문을 멀리하고 정식적 스트레스를 얻게 된다. 이러한 이유로 영조와 사도세자는 멀어지게 되었고 사도세자가 27세가 되던 해 영조는 아들을 죽이는 엄청난 비극을 일으킨다.

37. 수원 화성

조선시대에는 도시를 건설할 때 얼마나 많은 시간이 걸렸을까?

조선 제22대 왕 정조 때 일이에요. 당시 조선은 신하들의 힘이 강해 두 세력으로 나뉘어 서로 세력을 다투었어요. 정조는 신하들의 세력에 맞서 왕권을 강화시키고 이상적인 정치를 펼치려고 하였지요. 그래서 새로운 도시를 만들어 수도를 옮기고, 그곳을 중심으로 하여 새로운 정치를 준비했답니다. 그곳이 바로 수원 화성이에요.

수원 화성 공사는 정조의 사랑을 받고 있던 정약용이 도맡아 했어요. 정약용은 여덟 가지 성을 쌓는 방법을 제시하였고, 이를 바탕으로 성을 만들었어요. 수원 화성은 철저하고 과학적인 계획으로 2년 9개월 만에 완성되었답니다. 이 공사는 원래 10년을 예상했는데 정약용이 발명한 거중기와 녹로 등을 이용해 공사기간을 단축시킬 수 있었어요.

화성은 중국이나 일본에서는 찾아볼 수 없는 독창적인 형태로 과학적이고 실용적인 구조로 되어있어요. 그렇기 때문에 동양에서 가장 뛰어난 성곽으로 높이 평가받아 세계문화유산으로 등재되었답니다. 또한 정조는 수원 화성을 만드는 모든 과정을 '화성성역의궤'에 기록하게 하였어요. 이 안에는 수원 화성의 설계도 및 공사 일정, 공사 비용, 건물에 관한 설명 및 장인의 명단까지 모두 기록되어 있어요.

조선시대에도 이렇게 과학적이었다니 대단해!

더 알아보기

수원 화성은 원형이 아닌데 어떻게 세계문화유산으로 등재되었을까? TALK

수원 화성은 일제 강점기와 6·25 전쟁으로 인해 많이 훼손되었지만 지금은 대부분 복원되었다. 유네스코 심사 위원들은 원형이 아닌 수원 화성을 처음엔 심사도 하지 않으려다 공사 과정이 세세하게 기록된 '화성성역의궤'를 보고 세계문화유산으로 지정했다고 한다.

수원화성 공사에 쓰인 거중기와 녹로

꽃유생과 역사 TALK

정답 p93

1. 다음 중 삼강의 덕목이 아닌 것은?
① 임금과 신하 ② 어버이와 자식 ③ 스승과 제자 ④ 남편과 아내

1.

2. 풍수지리적으로 부족한 부분을 보완하기 위해 인위적으로 고치는 것을 무엇이라 하는가?

2.

3. 다음 중 임진왜란을 뜻하는 다른 말은?
① 철의 전쟁 ② 도자기 전쟁 ③ 보자기 전쟁 ④ 실크 전쟁

3.

4. 다음 중 옳은 것에 O 틀린 것에 X를 표시해 보자

4.
한글이 없었던 시절 우리 조상은 중국 한자를 빌려 사용했다. (　　)
조선시대 모든 사람들은 한자를 알고 있었다. (　　)
훈민정음은 고종이 백성들을 위해 만든 글자이다. (　　)
한글은 독창적이고 자주적인 문자다. (　　)
유네스코에는 '세종대왕 상'이 존재한다. (　　)

5. 다음 중 우리나라 3대 풍속 화가가 아닌 사람은?
① 김득신 ② 박정은 ③ 김홍도 ④ 신윤복

5.

# 정답

1장 고조선과 삼국   p.26

1. 정해진 정답은 없어요. 여러분의 생각을 자유롭게 쓰세요
2. 3번 몽골
3. 2번 의자왕
4. 5번 적극적이다
5. 죽은 사람들이 신선 세계로 가기를 바라는 마음에 용과 봉황을 새겨 넣었다

2장 통일신라와 발해   p.42

1. 태대각간
2. 2번 문무왕
3. O, X, X, O
4. 다보탑-그림자가 있는 탑 / 아사달-아사녀 / 석가탑-그림자가 없는 탑
5. 에밀레 종

3장 고려   p.64

1. 3번
2. 상감-무늬를 새기고 새긴 자리에 다른 색의 흙을 넣어 만듦
   양각-무늬가 겉으로 두드러지게 나오도록 새겨서 만듦
   음각-무늬가 안으로 들어가도록 새겨서 만듦
   투각-필요한 부분만 남기고 나머지 부분을 파내어 만듦
3. 1) 팔만대장경 2) 장경판전
4. 몽골은 고려에 몽골인을 두어 끊임없이 간섭하려고 했으며,
   전쟁에 패한 고려는 그 말을 따라야만 했다.
5. 각시탈, 양반탈, 선비탈, 중탈, 바보탈, 초랭이탈, 할미탈, 백정탈, 부네탈

4장 조선   p.92

1. 3번 스승과 제자
2. 비보풍수
3. 2번 도자기전쟁
4. O, X, X, O, O
5. 2번 박정은

1. 강화 참성단

2. 김해 수로왕릉

3. 단양 온달산성

4. 익산 미륵사지석탑

5. 백제금동대향로

6. 경주 황룡사 9층 목탑

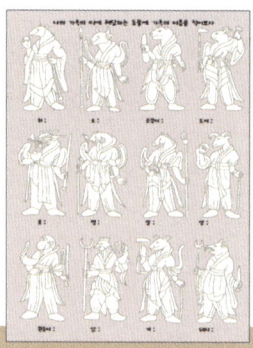
7. 부여 부소산성의 낙화암

8. 경주 김유신 장군묘

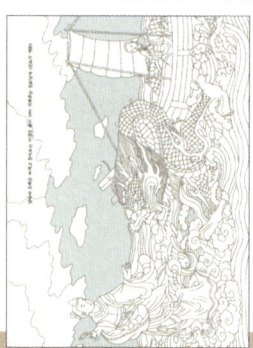
9. 감은사지 3층 석탑과 이견대

10. 부석사 무량수전

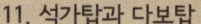
11. 석가탑과 다보탑

12. 불국사와 석굴암

13. 성덕대왕 신종

14. 김제 금산사 미륵전

15. 만월대와 용머리 조각

16. 관촉사 석조 미륵보살입상

17. 낙성대와 강감찬

18. 청자상감운학문매병

19. 내소사의 고려동종

20. 안동 하회마을

21. 장경판전과 팔만대장경 　22. 천불천탑과 와불 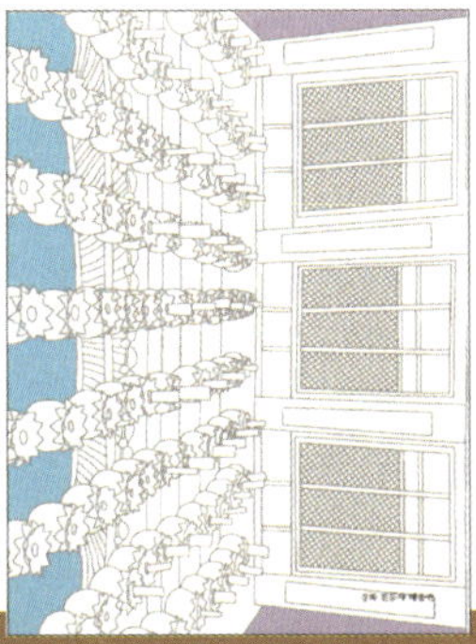　23. 강화 전등사 　24. 선죽교와 정몽주 　25. 서울 숭례문

26. 삼강행실도 　27. 훈민정음과 세종대왕 　28. 법주사와 정이품송 　29. 거북선과 이순신 　30. 고양 행주산성

31. 진주성 촉석루와 논개바위 　32. 남원 광한루와 오작교 　33. 남한산성 　34. 대장간과 길쌈 　35. 연소답청과 단오풍정

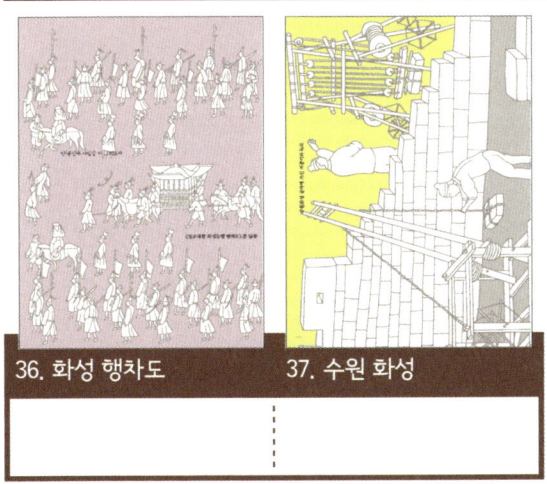

36. 화성 행차도　37. 수원 화성

빈칸에 색칠한 날짜나 여행한 날짜 등을 메모해보세요. 어느새 세상에 하나뿐인 나만의 역사 책을 만나볼 수 있을 거예요.